Gøsta Esping-Andersen
avec Bruno Palier

Trois Leçons sur l'État-providence

Traduit de l'anglais par Marianne Groulez

LA REPUBLIQUE DES IDEES

Seuil

Collection dirigée par
Pierre Rosanvallon
et Thierry Pech

La traduction de cet ouvrage
a bénéficié du soutien du CEVIPOF

CEVIPOF

Centre de recherches politiques de Sciences Po

ISBN 978-2-02-097098-3

www.seuil.com
www.repid.com

PRÉSENTATION

Quel État-providence pour les sociétés post-industrielles vieillissantes ?

Par Bruno Palier

Alors que l'avènement de l'économie post-industrielle a remis en cause les compromis qui ont porté la croissance des États-providence européens[1], les grandes évolutions sociales récentes (entrée des femmes sur le marché du travail, vieillissement de la population, inégalités croissantes...) appellent de nouvelles interventions. Est-il aujourd'hui possible de trouver les nouveaux compromis qui permettraient de redéfinir les missions de l'État-providence au XXIe siècle ? Les trois leçons que l'on va lire proposent une véritable révolution dans l'approche de cette question. Elles proposent de substituer à une conception traditionnelle et statique des politiques sociales, visant à réparer les situations les plus difficiles ou bien à remplacer les revenus perdus, une perspective

1. Voir Pierre Rosanvallon, *La Crise de l'État-providence*, Seuil, 1981, et les *Trois Leçons sur la société post-industrielle* de Daniel Cohen, Seuil / La République des idées, 2006.

dynamique prenant en compte les trajectoires des individus, leurs aléas dans l'économie de la connaissance, et l'émergence de nouvelles inégalités entre les genres, les générations et les groupes sociaux propres aux sociétés post-industrielles. Cette approche montre que les politiques sociales ne peuvent plus se contenter d'être des dispositifs d'indemnisation, mais qu'elles doivent porter une stratégie collective d'investissement social. Bref, il s'agit de passer d'un État-providence essentiellement « infirmier », à un État-providence « investisseur ».

État-providence et société industrielle

Les systèmes d'assurance sociale, figure principale de l'État-providence en Europe continentale, sont l'émanation et le support de la société industrielle. Ils naissent au XIXe siècle avec la révolution industrielle et son corrélat social : l'émergence du salariat[1]. Destinées à garantir la continuité du revenu des ouvriers qui ont perdu les solidarités familiales et locales de la société agricole, elles permettent en même temps aux patrons de s'assurer la fidélité, la stabilité et la qualité de leur main-d'œuvre.

Au cours des trente années qui suivent la Seconde Guerre mondiale, le fordisme et les approches keynésiennes des politiques économiques vont permettre une véritable explosion des dépenses sociales (de 5 à 25 % du PIB en moyenne en Europe). Pendant cette période, les politiques économique et sociale semblent se renforcer l'une l'autre. Les dispositifs de protection sociale permettent alors de soutenir et de relancer la croissance économique : ils sont créateurs d'emploi (professions sanitaires, sociales et d'administration de la protection sociale) ; ils permettent de soutenir la capacité à consommer de ceux qui ne peuvent plus travailler

1. Voir Robert Castel, *Les Métamorphoses de la question sociale*, Paris, Fayard, 1995 (édition de poche, Gallimard, « Folio/Essais », 1999).

(pour cause de maladie, chômage, vieillesse, invalidité) ; dans la mesure où ils garantissent une sécurité du revenu, ils libèrent l'épargne de protection et permettent de consacrer une part croissante des revenus à la consommation ; ils sont aussi des instruments de relance de la consommation (par le biais d'une augmentation des prestations sociales ou de créations d'emplois dans les services sociaux publics). La croissance économique des « Trente glorieuses » (1945-1975) repose en grande partie sur les interactions vertueuses entre développement de l'industrie de biens standardisés de grande consommation, consommation de masse et généralisation de la protection sociale.

Utile à l'économie, la protection sociale permet en même temps de répondre aux besoins sociaux de l'époque : améliorer la santé de la population dont l'espérance de vie dépasse rarement 65 ans, lutter contre la pauvreté, qui est alors – et depuis longtemps – concentrée sur les personnes âgées, et soutenir la nouvelle répartition des rôles sociaux. Alors que dans les sociétés agricoles, tout le monde travaillait à la ferme (les hommes, les femmes et les enfants), la société industrielle définit une nouvelle répartition des tâches, où les hommes garantissent le revenu et la protection sociale de l'ensemble du ménage, les enfants sont de plus en plus scolarisés, et les femmes supposées rester à la maison et prendre en charge les travaux domestiques.

Si tous les États-providence développés partagent les fonctions de soutien à la demande et d'indemnisation des risques sociaux, les différents pays occidentaux n'ont pas tous mis en place les mêmes dispositifs de protection sociale. On peut regrouper les systèmes de protection sociale en trois grandes familles ou régimes (le régime social-démocrate des pays scandinaves, le régime libéral des pays anglo-saxons, le régime conservateur-corporatiste des pays d'Europe continentale)[1], en

1. Gøsta Esping-Andersen, *Les Trois Mondes de l'État-providence*, Paris, PUF, 2007 (2e édition).

différenciant à la fois les objectifs politiques et sociaux qu'ils cherchent à atteindre (respectivement : l'égalité des citoyens, la seule couverture sociale des plus pauvres, le maintien du revenu des travailleurs) et les instruments qu'ils utilisent à cet effet (respectivement : politiques universelles et services sociaux gratuits, politiques sociales ciblées, assurances sociales financées par des cotisations sociales). À l'heure où les conditions économiques et sociales changent, ce sont les systèmes de protection sociale d'Europe continentale, les plus ancrés dans l'industrialisme, qui rencontrent les difficultés les plus grandes.

Les divorces

L'ouverture progressive des économies et l'arrivée de nouveaux pays dans le jeu économique mondial ont déstabilisé les économies industrielles traditionnelles et remis en cause les relations entre politiques économiques et politiques sociales. La compétition croissante que se font les entreprises européennes entre elles pèse sur les coûts, et notamment les coûts non salariaux comme ceux issus du financement de la protection sociale par cotisation sociale. La mondialisation des échanges, la circulation des capitaux ont déplacé les activités économiques, délocalisant vers l'Est (en Europe, mais surtout en Asie) les activités industrielles de masse, reposant sur une main-d'œuvre ouvrière peu chère et peu qualifiée. Cette évolution conduit les pays anciennement industrialisés à se reconvertir dans de nouvelles activités post-industrielles, fondées à la fois sur l'innovation technologique, les hautes qualifications, le savoir, et sur les services (qualifiés ou non), notamment les services à la personne[1]. Les protections fondées sur les assurances sociales, conçues à l'origine pour protéger les ouvriers industriels peu qualifiés ayant un

1. Cf. Daniel Cohen, *op. cit.*

contrat à durée indéterminée, le plus souvent dans les secteurs industriels ou de services classiques, s'avèrent mal adaptées pour protéger des parcours professionnels plus mobiles, plus chaotiques, souvent plus précaires, typiques de la nouvelle économie. De plus en plus de personnes, mais surtout de nouveaux groupes se retrouvent en difficulté (les jeunes, les femmes, les personnes non qualifiées...). Ces personnes ne sont pas forcément les mieux protégées par les systèmes existants. Les travailleurs salariés protégés se retrouvent eux-mêmes dans une situation plus précaire, du fait des évolutions démographiques comme des mutations économiques qui risquent d'affaiblir leurs protections autrefois bien établies.

Dans ce nouveau contexte, les politiques sociales semblent être devenues contre-productives : en raison de leur mode de financement et de la compétition fiscale entre les États, elles sont dénoncées comme un coût, et non plus présentées comme un moyen de soutenir l'économie. Elles semblent parfois soutenir l'inactivité plutôt que l'activité : multiplication des systèmes de préretraite (Allemagne, France, Belgique), nombre croissant de bénéficiaires d'allocation invalidités (aux Pays-Bas notamment), aide au maintien voire au retour des femmes au foyer (Allemagne). Il s'agit là d'une évolution paradoxale des politiques sociales : partant d'une situation où elles devaient soutenir le plein-emploi, elles ont peu à peu été utilisées pour retirer des individus du marché du travail. De telles politiques ont conduit à une hausse des dépenses de protection sociale non compensée par de nouvelles ressources.

Les politiques sociales construites dans l'après-Seconde Guerre mondiale sont de plus en plus « désajustées » économiquement, mais aussi socialement. Pas plus que l'économie post-industrielle ne ressemble à l'économie industrielle, la société post-industrielle ne ressemble à la société industrielle. Dans cette nouvelle société, les femmes travaillent, les couples divorcent, la fécondité baisse, l'espérance de vie s'allonge considérablement, la pauvreté se déplace.

Ainsi en France, alors que les femmes représentaient un tiers de la population active, elles en représentent près de la moitié aujourd'hui, les taux d'emploi des femmes de 25 à 49 ans étant passés de 40 % au début des années 1960 à 80 % aujourd'hui [1]. Alors que la famille typique des années 1950 et 1960 était constituée d'un couple marié avec trois enfants, aujourd'hui un couple sur trois divorce en France (un sur deux en région parisienne), et la fécondité est passée de 3 enfants par femme à partir de 1946 et dans les années 1950, à 1,7 au milieu des années 1990 pour remonter à 2 en 2007 [2]. Ce taux de fécondité qui est aujourd'hui le plus élevé d'Europe ne suffit cependant toujours pas à renouveler la population. En outre, le ralentissement des années 1980 et 1990 réduit considérablement la taille de la population active à venir, qui devra pourtant financer un nombre de plus en plus grand de retraités [3], qui vivent de plus en plus longtemps [4] et dont les besoins sociaux s'accroissent (en matière de santé, mais surtout de prise en charge de la dépendance [5]). Si les débats se focalisent en France sur les nouveaux besoins engendrés par le vieillissement de la population, on oublie cependant que la pauvreté s'est déplacée. Il y avait 7,1 millions de personnes vivant en dessous du seuil de pauvreté [6] en France en 2005. Parmi eux, 6 millions ont moins de 60 ans,

1. Voir Margaret Maruani (dir.), *Femmes, Genre et Société*, Paris, La Découverte, 2005.

2. Données INSEE.

3. En France, les personnes de 65 ans et plus représentaient 16 % de la population en 2000, ils représenteront 21 % en 2020, et 28 % en 2040.

4. L'espérance de vie à la naissance était en 1950 de 63 ans pour les hommes et de 69 ans pour les femmes, elle est aujourd'hui respectivement de 77 et 84 ans.

5. Le risque de devenir dépendant est très élevé au-delà de 80 ans, le nombre de personnes de plus de 80 ans dans la population française devrait passer de 2,2 millions en 2000 à 4 millions en 2020 et à près de 7 millions en 2040.

6. Nombre de personnes vivant avec moins de 60% du salaire médian.

dont 2 millions sont des enfants (moins de 18 ans) pauvres, et 1,1 million ont entre 18 et 29 ans[1]. La pauvreté n'est plus concentrée chez les personnes âgées, c'est aujourd'hui le problème de femmes seules avec enfants, de personnes sans diplômes, sans qualification, de chômeurs de longue durée. Toutes ces personnes bénéficient de très peu de protection de la part des systèmes traditionnels qui se sont concentrés sur les retraites et la santé, autant de prestations qui bénéficient d'abord aux plus âgés.

Les systèmes de protection sociale sont directement affectés par les changements démographiques et familiaux : le vieillissement de la population pose des problèmes de financement aux systèmes de retraite, mais il a également un impact sur les questions de la répartition du travail tout au long de la vie et de l'adaptation des qualifications aux évolutions technologiques ; les changements dans les relations familiales, l'augmentation du nombre de familles monoparentales, de familles recomposées, l'entrée massive des femmes sur le marché du travail perturbent le fonctionnement de systèmes conçus sur un modèle familialiste, où les droits sont accordés à celui (et rarement celle) qui a une activité rémunérée et par extension aux membres de sa famille. Les nouvelles formes de pauvreté sont mal prises en charge, et encore moins évitées. Ces nouveaux défis poussent à repenser les objectifs et les stratégies d'intervention des politiques sociales.

Tourner les politiques sociales vers le futur

Comment répondre aux nouveaux besoins sociaux ? En a-t-on les moyens financiers ? Les politiques sociales pourraient-elles contribuer à la nouvelle croissance économique ? L'heure

1. Données INSEE.

n'est plus au rafistolage des systèmes issus du passé mais à l'élaboration de nouveaux principes et de nouvelles pistes. Les systèmes européens de protection sociale sont bien trop différents pour imaginer qu'un modèle social européen parfaitement unifié voie le jour à brève échéance. En revanche, à partir d'une réflexion approfondie sur les politiques sociales, mais aussi à partir des expériences positives menées ici ou là en Europe (plus souvent dans les pays nordiques qu'ailleurs), il est possible de souligner les réorientations nécessaires pour permettre aux citoyens européens de vivre dans les meilleures conditions possibles la transition d'une économie essentiellement industrielle vers une économie de service, qui mobilise des emplois de plus en plus qualifiés, mais fait aussi appel aux services à la personne, souvent peu qualifiés.

De nouveaux risques de polarisation sociale apparaissent avec la transformation des économies, et notamment avec le développement d'emplois peu qualifiés et mal rémunérés. Pour faire face à ces nouveaux risques, Gøsta Esping-Andersen propose d'abandonner la perspective statique qui se contente de soulager les difficultés présentes des individus ou bien de maintenir les revenus perdus, pour adopter une perspective dynamique qui pense les problèmes sociaux en termes de trajectoire de vie : quels sont les investissements nécessaires aujourd'hui pour éviter d'avoir à indemniser demain ? Comment éviter les effets cumulatifs des handicaps sociaux tout au long de la vie[1] ? Il s'agit de passer de politiques sociales réparatrices et compensatrices à une stratégie préventive fondée sur une logique d'investissement social. Dans cette perspective, ce sont les femmes et les enfants d'abord qui devraient attirer notre attention, ne serait-ce que parce qu'ils sont les seuls (les femmes encore inactives, les enfants

1. Une enfance pauvre peut empêcher d'acquérir les compétences nécessaires pour entrer plus tard dans une carrière professionnelle bien rémunérée et protégée, processus qui peut entraîner des problèmes de précarité, lesquels déboucheront sur de basses retraites.

futurs actifs) susceptibles d'accroître les ressources à consacrer aux retraites à venir. Ouvrir aux femmes le « deuxième âge de l'émancipation »[1], permettre à tous d'acquérir les compétences nécessaires à l'économie de la connaissance, tels sont les nouveaux défis pour l'État-providence, si l'on veut qu'il soit en outre capable de financer les retraites ou les dépenses de santé à l'avenir. Il s'agit en somme de *préparer* plutôt que de *réparer*, de prévenir, de soutenir, d'armer les individus et non pas de laisser fonctionner le marché, puis d'indemniser les perdants.

Pour ce faire, il faut inverser l'ordre des problèmes, redéfinir le sens de la solidarité sociale, et compter autrement. Alors même que nous avons du mal à financer des dépenses de santé qui explosent, que les prévisions sont pessimistes pour les dépenses de retraite, comment trouver de nouvelles ressources ? C'est ici que Gøsta Esping-Andersen propose de penser autrement certaines dépenses sociales : non pas comme un coût qui entraverait la croissance économique, mais comme un investissement qui accompagne et soutient la transition vers l'économie de la connaissance. Aider les enfants à acquérir les compétences adaptées aux activités de pointe, permettre aux femmes de travailler : autant de garanties d'une croissance plus forte et de meilleurs revenus pour l'État-providence. Les politiques sociales peuvent retrouver une utilité économique, si elles sont conçues non plus comme une dépense (un coût) qui intervient après la croissance économique, mais comme un facteur de richesses futures.

Pourquoi encore compter sur l'État ? Confier la protection sociale au secteur et aux financements privés ne serait-il pas moins coûteux et plus efficace ? Privatiser ne fera ni disparaître les besoins, ni même baisser la facture. Il faudra de toute façon couvrir les besoins des personnes âgées, besoins de revenus, de

1. Pour reprendre le titre de l'ouvrage de Dominique Méda et Hélène Périvier, *Le Deuxième Âge de l'émancipation*, Seuil / La République des idées, 2007.

santé, de prise en charge de la dépendance. L'investissement social public paraît cependant plus efficace et plus juste que le recours au marché ou aux familles. Notamment parce qu'il doit permettre d'augmenter les chances de tous les enfants, de produire en conséquence plus d'actifs bien occupés et protégés, et de multiplier les emplois pour les femmes (le privé ne génère pas tout seul des places en crèches accessibles à tous, les femmes les plus démunies étant alors incitées à rester à la maison). L'investissement social collectif peut en outre permettre de garantir une plus grande égalité. Si l'on opte pour les dépenses privées, alors les inégalités engendrées par le marché se reproduiront. C'est ici que Gøsta Esping-Andersen rappelle les principes de justice sociale qui doivent guider les nouveaux investissements sociaux : celui de la garantie de l'égalité des chances pour tous les enfants, celui de l'égalité pour les femmes (avec les hommes, mais aussi entre les différents milieux sociaux), celui de l'égalité entre les catégories de retraités, dont les revenus risquent de se polariser, reflétant chez les retraités à venir les polarisations sociales présentes. C'est au nom de l'égalité que cet ouvrage propose une stratégie d'investissement public dans les politiques sociales pour les enfants, les femmes et les personnes âgées. L'enjeu est de taille pour la France, car les écarts de revenus comme les inégalités générationnelles[1] y sont plus marqués que dans le Nord de l'Europe ou aux Pays-Bas.

---

1. Voir notamment Louis Chauvel, *Les Classes moyennes à la dérive*, Seuil / La République des idées, 2006.

Les trois grands défis de l'État-providence au XXIe siècle

Le bouleversement social le plus important de ces dernières décennies est sans doute celui qui a vu les femmes entrer massivement sur le marché du travail. C'est pourquoi la première leçon proposée ici est consacrée aux défis que représente pour l'État-providence du XXIe siècle cette « révolution du rôle des femmes ». Il est crucial de favoriser l'emploi des femmes et l'égalité entre les femmes et les hommes par le développement des services sociaux de prise en charge des enfants et d'autres personnes dépendantes. Développer des crèches et d'autres services sociaux est une source de créations d'emplois et permet aux mères de travailler. Cela apparaît essentiel aussi bien pour les enfants que pour rendre compatibles vie familiale et vie professionnelle. En outre, favoriser le travail des femmes correspond à une volonté de ces dernières (acquérir une autonomie financière par rapport aux hommes), mais aussi à un triple besoin social : développer les services de prise en charge des personnes dépendantes (jeunes et vieux), réduire les risques de pauvreté des enfants (la pauvreté des enfants est toujours plus faible dans les ménages où les deux parents travaillent) et augmenter les taux généraux d'emploi (afin de dégager des ressources pour les retraites). Mais des politiques favorables aux femmes ne peuvent se satisfaire du seul objectif de compatibilité entre vie professionnelle et vie familiale : elles doivent aussi insister sur l'égalité entre les hommes et les femmes. Il s'agit bien sûr d'égalité de traitement dans la vie professionnelle. Mais il convient également de rééquilibrer la répartition des tâches domestiques. La vie professionnelle des femmes, et notamment leurs carrières, adopte des traits de plus en plus « masculins ». Une véritable politique d'égalité devrait donc aussi viser à « féminiser » les traits de la vie des hommes, en les incitant à s'investir davantage auprès des enfants et dans le foyer.

Garantir véritablement l'égalité des chances des enfants, tel est l'objet de la deuxième leçon. Alors que les systèmes actuels de protection sociale dépensent de plus en plus pour les personnes âgées, il semble nécessaire d'investir dans les enfants. Plutôt que de lutter contre l'exclusion sociale une fois qu'elle est réalisée, plutôt que de devoir former de nouveau une main-d'œuvre sur le tard, il vaut mieux concentrer les efforts sur une démarche préventive centrée sur l'enfance. Lutter contre la pauvreté des enfants et leur garantir les meilleures conditions de garde et d'éveil doit à la fois permettre de prévenir l'exclusion (la pauvreté sévit le plus chez les adultes issus de milieux pauvres) et de préparer une main-d'œuvre mieux formée, qualifiée et mobile (une socialisation précoce en crèche permet de réduire considérablement les risques de difficultés scolaires). Pour ce faire, il est nécessaire à la fois de garantir un revenu minimal à toutes les familles (donc de ne pas abandonner les anciennes politiques distributives, voire de les développer : la lutte contre les effets de la pauvreté et de la précarité des familles reste essentielle) et de favoriser le développement des modes collectifs de prise en charge des enfants qui garantissent une bonne socialisation primaire et des conditions d'apprentissage de nature à préparer convenablement l'avenir.

Si l'on parvient ainsi à augmenter les taux d'emploi féminin et à garantir les meilleurs emplois aux futurs actifs, alors des ressources plus importantes pourront être consacrées aux retraites. La troisième leçon souligne que, dans le domaine des retraites comme ailleurs, le souci d'égalité doit encore une fois prévaloir, en maintenant l'équité entre générations mais aussi à l'intérieur des générations. Pour maintenir l'équité intergénérationnelle, les politiques de retraites proprement dites peuvent appliquer le « principe de Musgrave », qui veut que, si l'on modifie les niveaux de cotisations (payées par les actifs) ou bien les niveaux des pensions des retraités, on le fasse en proportion équivalente afin de ne pas modifier le rapport entre salaire net des actifs et revenu net des retraités. Mais il convient aussi de préparer les dispositifs publics à prendre en charge les disparités de revenus à venir entre les retraités qui furent des actifs ayant réussi à prendre le train de l'économie de la connaissance, et ceux qui n'ont pu le faire.

On ne trouvera pas dans cet ouvrage des recettes passe-partout qui seraient applicables du jour au lendemain. Cependant, le mérite de ces orientations inspirées par certaines expériences et réflexions européennes est de proposer un horizon nouveau et commun pour les réformes de la protection sociale, qui ne se limite plus à de simples restrictions budgétaires mais qui allie adaptation aux nouveaux contextes économiques et progrès social.

PREMIÈRE LEÇON

Famille et révolution du rôle des femmes

Les femmes sont en train de changer le monde

Le débat actuel sur l'avenir de l'État-providence, obsédé par les menaces associées à la mondialisation et au vieillissement, a assez largement ignoré une force de changement sans doute bien plus révolutionnaire : la modification de la place des femmes dans la société.

La révolution féminine est un phénomène aux ramifications profondes. Tout d'abord, le parcours biographique des femmes a radicalement changé en un temps incroyablement court : au fond, en l'espace d'une génération. Alors que la femme prototypique des décennies d'après-guerre était destinée à tenir son ménage, sa fille avait plus de chances de choisir une vie où elle aurait un emploi et une réelle autonomie économique. Le facteur décisif de cette rupture générationnelle a été le niveau d'instruction et l'accès à un bon salaire. En un sens, les femmes ont fait l'expérience d'une « masculinisation » de leurs préférences en termes de parcours de vie. Dans la plupart des pays développés, elles bénéficient désormais d'un niveau d'instruction supérieur à celui des hommes et, là où la révolution féminine a débuté le plus tôt, c'est-à-dire en Amérique du Nord et en Europe du Nord, elles sont une vaste majorité (jusqu'à 75 %) à posséder un emploi tout au long de leur vie, les interruptions dues à la maternité étant réduites au minimum.

Une bonne partie de l'Europe continentale se classe loin derrière, avec des taux d'emploi féminin avoisinant 50 % en Europe du Sud et 60 % en France et en Allemagne. Cet écart est principalement constaté chez les femmes les moins qualifiées. Il pourrait en outre se resserrer plus vite qu'on ne le pense, dans la mesure où le taux d'activité des jeunes femmes comble rapidement son retard. Les données les plus récentes concernant l'Espagne, particulièrement à la traîne, montrent ainsi un taux d'activité de 65 % parmi les femmes de moins de 35 ans.

La modification des parcours biographiques féminins exerce, pour le meilleur et pour le pire, de considérables « effets domino » sur la société. Le plus immédiat est l'éclipse de la famille traditionnelle, celle où le mari a un travail rémunéré et où la femme reste au foyer. Mais le nouveau rôle des femmes s'accompagne également du développement des mariages au sein d'une même catégorie sociale, du report dans le temps de la première naissance, d'un taux de natalité très inférieur à ce que désirent les citoyens, de l'augmentation de l'instabilité conjugale et de la prolifération des familles « atypiques », dont beaucoup souffrent de vulnérabilité économique. En outre, la tendance des femmes à avoir moins d'enfants affecte les évolutions démographiques à long terme. La rapidité du rythme auquel la société vieillit est dans une large mesure l'effet de cette révolution féminine.

Le nouveau rôle économique des femmes est de bon augure, mais il annonce aussi de graves problèmes sociaux. Le durcissement de la tendance à l'appariement assorti dans la formation des couples est de nature à aggraver les différences de protection sociale entre ménages pauvres en travail et ménages riches en travail. Le fait de retarder le mariage et les naissances traduit les nouvelles priorités de vie des individus (par exemple, faire plus d'études), mais aussi les contraintes qui pèsent sur eux (les femmes hésitent à avoir des enfants avant que leur situation professionnelle ne soit assurée). Ce report diminue les chances d'atteindre l'objectif de « deux enfants ou plus » que poursuivent la plupart des adultes. Et, si le rattrapage n'est pas du tout exclu, il requiert toutefois des conditions très favorables.

Les unions sont également beaucoup moins stables et cette tendance se poursuivra vraisemblablement à mesure que les femmes verront s'accroître leur autonomie. En Scandinavie, comme en Amérique du Nord, c'est environ un enfant sur deux qui ne grandira pas au sein de sa famille biologique intacte. Or le divorce a des conséquences négatives sur les enfants comme sur les parents, et la monoparentalité peut porter préjudice à la réussite des enfants.

Le phénomène entraîne également des effets macroéconomiques majeurs. La disparition de la femme au foyer signifie que les familles externalisent leurs besoins de services – des repas et du ménage à la prise en charge des enfants et des personnes âgées. Les besoins d'emplois à créer sont potentiellement considérables, en particulier dans les métiers de l'aide sociale et des services directs à la personne. L'importance de l'apport des femmes à l'économie est manifeste. Aujourd'hui, en Scandinavie, les femmes contribuent en moyenne à 42-43 % au revenu total du foyer, ce qui constitue une source majeure de croissance économique et de financement de l'État, que l'on peut illustrer par un simple exercice de simulation : si les femmes gagnent en moyenne 75 % du salaire des hommes et que leur taux d'emploi bondit de 50 à 75 % (soit du niveau espagnol au niveau danois), leur surcroît de contribution au revenu national sera d'environ 15 %, ce qui, avec un taux d'imposition moyen de 30 %, ajouterait 10 ou 12 % aux recettes fiscales de l'État.

Même là où elle est allée le plus loin, la révolution féminine demeure néanmoins inachevée, comme le souligne Catherine Hakim qui distingue trois types de préférences féminines[1]. Le premier est celui de la femme traditionnelle, tournée vers la maison, qui travaille parfois par nécessité, mais dont les objectifs principaux demeurent la maternité et la famille. Ce groupe est minoritaire et décroît rapidement. Le deuxième type – également minoritaire – correspond à la femme pour qui la carrière est prioritaire, et qui n'est susceptible d'avoir des enfants que s'ils « rentrent dans le cadre ». Le troisième type, qui représente la grande majorité, rassemble des femmes qui tiennent à concilier vie familiale et continuité de leur carrière. Élément important : la masculinisation de ces trajectoires féminines affecte principalement la vie économique sans éroder le désir d'enfant chez la plupart d'entre elles. Par conséquent, l'une des tensions les plus importantes de la société moderne a trait à la conciliation entre carrière et maternité.

Si la révolution féminine est inachevée, c'est aussi parce qu'elle obéit à une stratification sociale. À l'avant-garde, on trouve les femmes qualifiées issues de la classe moyenne, alors que les femmes peu qualifiées sont moins attachées au travail rémunéré et ont bien plus de chances d'adopter le modèle traditionnel de la femme au foyer. C'est toutefois sur ce point que les variations sont les plus spectaculaires d'un pays à l'autre. Dans les pays scandinaves, l'écart d'emploi entre les femmes les plus et les moins qualifiées est mineur et, à tous égards, la femme au foyer est désormais une espèce disparue. Ce qui est encore loin d'être le cas en Europe continentale et méridionale. Par exemple, en Suède, 60 % des femmes peu qualifiées travaillent, contre 27 % en Italie. La France occupe, comme si souvent, une position moyenne, avec 48 %. Le même schéma se retrouve lorsque

1. *Key Issues in Women's Work*, Londres, Athlone, 1996.

l'on se penche sur le cas des mères de jeunes enfants : au Danemark et en Suède, il n'y a absolument aucune différence de taux d'emploi entre les femmes qui n'ont pas d'enfants et les mères de deux enfants ou plus. En France, cet écart est de 15 points.

Que la révolution féminine confronte à de sérieux défis nos modèles de protection sociale n'est guère surprenant, ne serait-ce que parce qu'elle affecte profondément le fonctionnement de ce qui en constitue l'un des piliers : la famille.

Famille et régimes de protection sociale

Pour bien comprendre les défis auxquels l'État-providence doit faire face, il est indispensable de réfléchir en termes de *régimes de protection sociale*. L'individu comme la société doivent nécessairement leur protection sociale à la combinaison de la famille, du marché et des prestations sociales des pouvoirs publics. Mais, pour la plupart des gens, ce sont la famille et le marché qui constituent les sources principales de protection : notre revenu nous vient pour l'essentiel du marché et, généralement, le gros de l'aide sociale nous est fourni par les membres de notre famille. À l'échelle du cycle de vie, le rôle de l'État-providence ne prend véritablement le dessus qu'au cours de nos premières et de nos dernières années d'existence.

Ces trois piliers de la protection sociale exercent des effets les uns sur les autres. Si le marché échoue, nous nous rabattons sur la famille ou sur les pouvoirs publics. Le marché risque en effet de ne pas satisfaire de nombreux besoins fondamentaux, soit parce que les prix sont élevés, soit parce que l'information y est inégalement répartie. La santé et l'éducation constituent deux exemples classiques de ce type d'échec, mais la révolution féminine met en exergue deux autres besoins : les services de garde d'enfants et les soins aux personnes âgées. Or les services marchands d'aide à la personne sont généralement inaccessibles à la moitié la moins riche des foyers. De même, si la famille échoue, nous nous appuyons plus fortement sur le marché ou sur les pouvoirs publics. L'« échec » de la famille se développe à mesure que les femmes se retirent des fonctions de soin qui leur étaient traditionnellement dévolues et que les générations cessent de cohabiter sous le même toit. Les sociétés contemporaines sont donc confrontées à des problèmes d'échecs cumulés dans la mesure où ni le marché ni la famille ne sont capables de répondre de manière adéquate à leurs besoins sociaux. La prise en charge des personnes âgées dépendantes fournit un exemple clair : les services marchands d'hébergement en établissement spécialisé sont extrêmement coûteux et la réserve traditionnelle que constituaient les filles d'un certain âge, susceptibles de s'occuper de leurs parents lorsqu'elles ne travaillaient pas, s'épuise. Lorsque ce double échec se produit, le seul recours logique est l'État-providence. Mais, à l'exception de quelques rares pays, le rôle des pouvoirs publics dans les services fournis à la famille demeure, au mieux, marginal. La permanence de l'adhésion à une politique familialiste a paradoxalement ouvert un vide de protection qui ne fait que se creuser.

Au début, en effet, l'État-providence moderne était partout fondé sur le *familialisme*. Les politiques sociales d'après-guerre partaient du principe que l'homme était soutien de famille et sa conjointe femme au foyer, ce qui explique la manière dont, jusque tout récemment, l'État-providence a favorisé les prestations en espèces par des mécanismes de remplacement du revenu, au détriment des services sociaux. Ce n'est qu'à partir des années 1970 – avec la montée de l'emploi féminin – que les pays scandinaves en sont venus à donner la priorité aux services à la famille. En Amérique du Nord et au Royaume-Uni, les pouvoirs publics ont préféré encourager le recours au marché, en partie par l'intermédiaire de déductions fiscales. À l'exception des services de prise en charge des enfants en Belgique et en France par le biais de l'école maternelle, le principe du familialisme a régné en maître dans la majorité des États-providence d'Europe continentale.

La plupart des sociétés développées sont ainsi confrontées à un déséquilibre croissant, les politiques adoptées n'ayant pas fourni de réponse adéquate à la révolution féminine. C'est un paradoxe de notre époque que les politiques sociales familialistes empêchent la fondation d'une famille. La chute drastique de la fécondité et l'augmentation du nombre de femmes sans enfant, en particulier parmi les plus qualifiées, dans une grande partie de l'Europe sont liées à l'absence de services de prise en charge des enfants. Parallèlement, l'absence de services à la famille exerce une pression à la baisse sur l'emploi des femmes, en particulier chez les moins qualifiées. L'Italie et l'Espagne, qui combinent fécondité exceptionnellement basse et obstacles à l'emploi des femmes, sont l'illustration la plus claire de ce déséquilibre.

L'échec à concilier maternité et carrière conduira les individus à arbitrer entre la mise au monde d'enfants et la recherche d'un emploi pour gagner en autonomie et augmenter les revenus du ménage. Ce qui se traduit, au niveau sociétal, par l'un des deux scénarios sous-optimaux suivants : soit un équilibre de type « fécondité basse », soit un équilibre de type « faible revenu, faible niveau d'emploi ».

Le défi d'une nouvelle politique

La nécessité de repenser la politique familiale se fait clairement sentir. À moins de « dé-familialiser » les fonctions de protection et notamment de prise en charge des enfants, nous ne parviendrons jamais à concilier maternité et emploi. Une fécondité basse ne signifie pas que les citoyens ne veulent pas d'enfants, mais bien plutôt que les contraintes qui pèsent sur eux augmentent. Or la famille demeure une institution clé de la société ; et le défi consiste à mettre en place des politiques qui la soutiennent. Sous les formes de plus en plus variées qui sont les siennes, la famille est également un élément clé du bien-être des enfants. Par conséquent – ce sera l'objet de la deuxième leçon de ce livre –, une politique qui protège les enfants de tout état de privation économique est indispensable. De manière plus générale, le coût que représentent les enfants augmente – de même que leur externalité positive, comme nous le verrons bientôt. Il nous faut donc concevoir un partage équitable des coûts et bénéfices que représentent les enfants.

Autre élément : nous devons réduire au minimum la dimension pénalisante de la maternité, ce qui implique une conciliation entre maternité et carrière ; mais nous aurions tort de croire que la recette traditionnelle – une politique de « soutien aux mères » – sera suffisante. Certains des principaux obstacles, invisibles, se situent au niveau du marché du travail et sont notamment liés à la sécurité de l'emploi. Une politique qui s'attaque à ce problème aura tendance à entraîner de nouveaux dilemmes. En définitive, nous devons certainement conclure à la nécessité d'une « féminisation » du parcours de vie masculin, si nous voulons atteindre un équilibre positif.

Soutenir les familles

Les démographes parlent de « seconde transition démographique » pour décrire une tendance longue à la diminution du nombre de naissances, qui réduit la taille des familles mais aussi leur stabilité. Certains y voient une évolution vers des valeurs post-modernes qui privilégient la réalisation de l'individu au détriment de la parentalité. Si cette théorie disait vrai, c'est à un avenir sinistre que nous serions confrontés, plutôt qu'au défi d'une nouvelle politique. En réalité, un examen plus poussé indique que la théorie des valeurs post-modernes est dépourvue de fondement solide. Le taux de fécondité suédois a évolué en montagnes russes dans les années 1980-1990, bondissant de 1,5 en 1980 à 2 en 1990 pour revenir à 1,6 à la fin des années 1990. Cela veut-il dire que les Suédois sont devenus un peu moins post-modernes, puis qu'ils le sont redevenus ? La fécondité de la France étant très proche de 2 contre 1,2 en Italie, peut-on conclure que la vision italienne de la vie est de 50 % plus post-moderne ?

Plusieurs études montrent clairement que la norme des deux enfants continue de recueillir le plus de suffrages d'un bout à l'autre de l'Europe. De façon tout à fait surprenante, il n'y a presque aucune variation de la Finlande au Portugal, de la Grande-Bretagne à la Grèce. Si l'adulte type déclare désirer en moyenne 2,3 enfants, ce désir a tendance à diminuer à mesure que la personne interrogée avance en âge, ce que l'on pourrait imputer soit au fait que l'on devient plus réaliste en vieillissant, soit à la résignation de la population devant un fait accompli.

Voici le point crucial : bien que la norme des deux enfants soit parfaitement intacte et demeure omniprésente, dans les faits, les citoyens voient souvent un gouffre séparer leurs préférences de la réalité. Si l'on considère la place centrale qu'occupe la famille dans la vie sociale, ceci constitue probablement l'indice le plus révélateur d'un sérieux déficit de politique sociale dans nos sociétés.

Le déficit d'enfants est limité dans la poignée de pays – États-Unis, Royaume-Uni, France, Danemark et Norvège, notamment – qui jouissent d'un taux de fécondité stabilisé à 1,8 ou plus. Il est en revanche considérable dans l'Europe du Sud et de l'Est, où la fécondité avoisine un indice synthétique de fécondité (ISF) de 1,2 ou 1,3 mais descend dans certaines régions jusqu'à 0,8[1].

Une fécondité basse accélère le vieillissement de la population, et des variations même mineures auront à long terme des

1. L'ISF dépend principalement de l'âge de début de la fécondité chez la femme et du nombre de naissances qui s'ensuivent.

effets véritablement dramatiques. Si un indice synthétique de fécondité de 1,9 fait baisser la population de 15 % seulement en un siècle, un indice synthétique de fécondité de 1,3 débouchera sur une population qui ne représentera plus que 25 % de son volume actuel[1]. Par exemple, compte tenu des données actuelles, la population espagnole pourrait chuter à 10 millions d'habitants, alors que le déclin de la population française ne l'amènerait qu'à 85 % de son niveau présent. Ainsi, les seules variations de fécondité pourraient faire bondir de 138 % le ratio de dépendance démographique[2] en Espagne en 2050, contre une hausse de 36 % en Suède. Et les conséquences macroéconomiques pourraient être graves. On a pronostiqué que le vieillissement et le déclin de population feraient baisser le PIB de l'Union européenne de 0,7 point par an au cours des décennies à venir[3].

Pour mettre en place une politique, il nous faut savoir ce qui se cache derrière le déficit d'enfants. La théorie traditionnelle de la fécondité met l'accent sur deux facteurs : d'une part, la décision d'avoir des enfants dépend du revenu du chef de famille (qui est un homme) ; d'autre part, si la maternité représente pour les femmes un important coût d'opportunité au regard des revenus dont elles seraient susceptibles de bénéficier au cours de leur vie, elles auront moins d'enfants[4]. On dispose ainsi d'une explication vraisemblable du fait que c'est la fécondité des femmes peu qualifiées et inactives qui était traditionnellement la plus élevée.

---

1. P. McDonald, « The tool-box of public policies to impact on fertility », communication présentée devant l'Observatoire européen de la famille, Séville (15-16 septembre 2000).

2. Il s'agit du rapport entre le nombre d'actifs et d'inactifs.

3. J. Sleebos, *Low Fertility Rates in OECD Countries : facts and responses*, OECD Social, Employment and Migration Working Papers, n° 15, 2003.

4. V. J. Hotz, J. A. Klerman et R. Willis (« The economics of fertility in developed countries », in M. Rosenzweig, O. Stark (eds), *Handbook of Population and Family Economics*, vol. 1A, Amsterdam, Elsevier, p. 276-347, 1997) fournissent une excellente vue d'ensemble des théories et de la recherche en matière de fécondité.

Mais, dans la société contemporaine, ces explications ne suffisent plus. Le croisement des données nationales montre tout d'abord que la corrélation entre emploi et fécondité est désormais établie. On constate les taux de fécondité les plus élevés dans les pays où l'emploi féminin est largement répandu, et vice versa[1]. En outre, si, dans la plupart des pays – dont la France –, la fécondité demeure beaucoup plus élevée chez les femmes peu qualifiées, ce n'est plus le cas en Scandinavie où ce sont en réalité les femmes dont le niveau d'instruction est faible qui ont le moins d'enfants, la fécondité culminant chez les femmes qui ont fait des études universitaires[2].

La clé de la fécondité contemporaine réside – tous s'accordent à le dire – dans le nouveau rôle des femmes et, en particulier, dans leur choix de travailler tout au long de leur vie[3]. La carrière n'est pas nécessairement incompatible avec la maternité, comme le montre le cas des pays nordiques. Mais, quoi qu'il en soit, une politique qui chercherait à stimuler la fécondité en incitant les femmes à travailler moins serait lourdement contre-productive. Comme je le montre dans la deuxième leçon de ce livre, la pauvreté est extrêmement problématique pour le développement des enfants, ce qui n'est pas le cas de l'emploi des mères. Or, la pauvreté des enfants étant nettement réduite par l'emploi des mères, celui-ci doit être considéré comme un atout supplémentaire. N'oublions pas non plus que la pérennité financière des sociétés vieillissantes requiert un emploi des femmes maximal. Bonne nouvelle : une majorité croissante de femmes tient à avoir un emploi et à être économiquement autonome.

---

1. N. Ahn et P. Mira, « A note on the relationship between fertility and female employment rates in developed countries », *Journal of Population Economics*, vol. 15, n° 4, p. 667-682, 2001.

2. G. Esping-Andersen, « A child-centred social investment strategy », p. 26-67, *in* G. Esping-Andersen, D. Gallie, A. Hemerijck, J. Myles (dir.), *Why We Need a New Welfare State*, Oxford, Oxford University Press, 2002.

3. P. McDonald, art. cité.

La quête des enfants doit donc aller de pair avec le nouveau rôle des femmes. En matière de fécondité, les décisions des femmes sont de moins en moins liées à la capacité de revenu de leur compagnon, et dépendent désormais essentiellement de leur capacité à elles de prendre pied de manière stable sur le marché du travail, et de l'anticipation des coûts d'opportunité de la maternité. On sait que l'incertitude quant à l'avenir constitue un obstacle à la fondation d'une famille. Il est bien établi que la dimension pénalisante de l'enfant augmente avec la capacité de revenu de la mère. À cela, le report du moment des premières naissances constitue une réponse logique. Il fournit à la femme davantage de temps pour assurer sa carrière et permet de faire diminuer substantiellement le coût de la maternité en termes de revenu. Ce report est évident dans tous les pays, mais il est plus accentué dans ceux où la conciliation entre carrière et maternité est la plus difficile[1]. Il n'est donc pas surprenant que ce soit en Espagne qu'il est le plus long (l'âge moyen de maternité s'y élève à 31 ans).

Mais le fait de retarder le moment d'être mère n'entraîne pas nécessairement une fécondité basse, à condition toutefois que les femmes puissent par la suite rattraper ce retard. Au Danemark et en Italie, l'âge au premier enfant est le même (29 ans), mais le Danemark parvient à atteindre un taux de fécondité supérieur de 50 % à celui de l'Italie. C'est un fait : on enregistre une proportion particulièrement plus importante de femmes sans enfant chez celles dont le niveau d'instruction est élevé, et dans des pays comme l'Allemagne et l'Espagne, où la conciliation est comparativement plus difficile[2]. Cependant, malgré cette augmentation,

1. S. Gustafsson, « Optimal age at motherhood. Theoretical and empirical considerations on postponement of maternity in Europe », *Journal of Population Economics*, vol. 14, n° 2, p. 225-247, 2001.

2. Le pourcentage de femmes sans enfant (à 49 ans) est de 23% en France, contre 27% en Suède et de 31% en Espagne.

le nombre de femmes sans enfant n'est pas la cause première de la fécondité basse. Le problème est bien davantage celui des conditions qui favorisent ou entravent la naissance d'un deuxième enfant et des enfants de rangs suivants. Ainsi – cela est bien connu –, les problèmes de conciliation, relativement limités avec un enfant, croissent de manière décisive avec deux enfants et plus. En France comme en Suède, plus de la moitié des femmes ont en tout deux enfants ou plus, contre un peu moins de 40 % en Italie.

Les conditions nécessaires du rattrapage (c'est-à-dire de taux de fécondité conformes aux préférences collectives) sont désormais bien connues. On s'est surtout intéressé à la garde d'enfants et aux congés de maternité, ce qui n'a rien d'étonnant. Les services de prise en charge des enfants permettent de limiter au minimum les congés avant et après chaque naissance, et constituent un moyen essentiel de réduire les coûts d'opportunité de la maternité. Une prise en charge de qualité, lorsqu'elle n'est pas subventionnée, se paye inévitablement au prix fort, généralement autour de 400 ou 500 euros par mois pour une prestation quotidienne. Les familles dont le revenu est le plus faible sont donc chassées du marché par les prix. Il est empiriquement prouvé que l'existence de services de garde d'enfants accroît la fécondité. Doubler ces services ferait augmenter l'indice synthétique de fécondité de plus de 0,1 point[1] et, au Danemark, leur universalisation aurait contribué à faire passer cet indice de 1,5 à 1,8[2]. De tels effets ne sont pas négligeables.

Il est mieux attesté encore que la prise en charge des enfants stimule l'emploi des mères. D'après des chercheurs

1. O. Kravdal, « How the local supply of day-care centers influences fertility in Norway : A parity-specific approach », *Population Research and Policy Review*, 15, p. 201-218, 1996.

2. L. Knudsen, « Recent fertility trends in Denmark. The impact of family policy in a period of increasing fertility », *Danish Centre for Demographie Fertility*, Research report, n° 11.

américains, la diminution des frais de garde produit une augmentation de 14 % de l'emploi des mères mariées, et des effets plus puissants encore sur les mères célibataires. L'impact des congés parentaux est plus ambigu. S'ils sont trop brefs, bien des mères renoncent purement et simplement à leur emploi ; s'ils sont trop longs, le résultat pourrait être le même. Pour les États de l'Union européenne en général, France comprise, les congés pleinement rétribués sont limités à 4 mois, ce qui, étant donné la fréquente pénurie de solutions de garde abordables, revient clairement à l'impossibilité pour les mères de reprendre le travail.

Vers une politique de conciliation efficace

Nous avons de plus en plus conscience de la nécessité de repenser la politique familiale pour mieux l'adapter aux nouvelles réalités. Quels seraient les ingrédients essentiels d'une politique efficace de soutien aux familles ? Dans la mesure où le coût monétaire des enfants n'est pas négligeable, un soutien au revenu par l'intermédiaire d'allocations familiales pourrait jouer un rôle important. Chaque enfant supplémentaire entraîne, en gros, une augmentation de 20 % de la consommation du ménage. La générosité de l'État-providence en la matière est très variable ; ce sont la France et les pays nordiques qui sont en tête du classement. À la différence de la pratique scandinave – une même allocation pour chaque enfant –, en France, on ne perçoit pas d'allocation au premier enfant, alors que les naissances de rangs suivants bénéficient d'une prime. En Scandinavie, le message implicite est le suivant : tous les enfants ont la même valeur. L'approche française est implicitement plus nataliste puisqu'elle attribue une valeur supérieure au troisième enfant et aucune au premier.

Mais on s'est aperçu qu'il était loin d'être sûr que les transferts de revenu aux familles avec enfants aient un impact important sur la fécondité – à l'exception éventuelle de la prime française au troisième enfant. La véritable justification des allocations familiales est ailleurs. Pour une part, elles compensent le coût que représente le fait d'avoir des enfants et, pour une autre part, elles valent reconnaissance officielle du fait que les enfants produisent aussi un bénéfice collectif et que la redistribution aux parents se fait sur un fondement d'équité. Si l'on considère que c'est là l'intention principale qui sous-tend les allocations familiales, la politique familiale devrait en principe accorder une valeur égale à tous les enfants.

Mais le cœur du problème se situe dans les tensions entre travail et famille. Gunnar et Alva Myrdal[1], dans les années 1930, y ont réfléchi avant nous. Ils partaient du principe que les ouvrières étaient contraintes de travailler et s'inquiétaient des effets indésirables de cette contrainte sur la fécondité. Ils étaient donc conscients de ce dilemme : comment s'assurer que les femmes qui travaillent feront des enfants ? Le débat actuel est moins nataliste, et nous formulerions sans doute désormais le problème ainsi : « Comment s'assurer que les femmes qui veulent des enfants ne devront pas sacrifier leur carrière pour en avoir ? » Une naissance supposant désormais au préalable, pour la plupart des femmes, des conditions d'emploi sûres et stables, un chômage élevé et la précarité de l'emploi deviennent des obstacles majeurs à la maternité. Il est solidement établi que la fécondité pâtit du travail temporaire ou du chômage des femmes. Inversement, le fait de travailler dans le secteur public entraîne une fécondité plus élevée[2]. En analysant les données fournies par le Panel des ménages européens, j'ai découvert que les femmes bénéficiant de contrats de travail stables avaient deux fois plus de chances de mettre un enfant au monde que les femmes munies

1. Ce couple suédois, dont le mari fut prix Nobel d'économie et la femme prix Nobel de la paix, furent parmi les grands penseurs et acteurs du modèle suédois d'État-providence.

2. G. Esping-Andersen, « A child-centred social investment strategy », art. cité.

d'un contrat à durée déterminée. Les emplois publics garantissent généralement une sécurité plus grande et autorisent en outre plus de flexibilité; voilà pourquoi la recherche fait état d'une fécondité substantiellement supérieure chez les femmes employées par l'État. Cela fonctionne aussi en sens inverse: les femmes choisissent des emplois publics parce qu'elles y voient le moyen de minimiser l'incertitude et de maximiser la conciliation, même si cela implique un sacrifice salarial.

En définitive, la réussite du conjoint dans sa fonction de soutien de famille joue un rôle moins essentiel qu'auparavant dans les décisions relatives à la fécondité, ce qui ne signifie pas pour autant que les hommes n'ont plus rien à y voir. Les chercheurs ont récemment fait une découverte étonnante: la contribution des hommes aux tâches ménagères, en particulier aux soins apportés aux enfants, est désormais décisive, les femmes faisant dépendre les naissances de la possibilité de compter sur le mari pour aider à réduire le coût d'opportunité de la maternité[1]. La capacité de la mère à convaincre le père de la relayer dépend en grande partie de sa position dans la négociation au sein du couple. La position de force dont bénéficient comparativement les femmes scandinaves favorise une plus grande égalité des sexes dans la répartition des tâches ménagères, à la différence de ce qui se passe en Europe du Sud – même au sein des familles dont la mère devrait être en assez bonne position pour négocier[2]. Peut-être est-ce simplement le fonctionnement des normes traditionnelles en matière de rapports entre les sexes qui rend impossible un partage plus équitable. Dans cette hypothèse, le choix offert aux femmes qui font carrière

1. L.P. Cooke, « The gendered division of labor and family outcomes in Germany », *Journal of Marriage and the Family*, 66, 2004, p. 1246-1259; G. Esping-Andersen, M. Guell, S. Brodmann, « When mothers work and fathers care. Second births in Denmark and Spain », *DEMOSOC Working Paper*, 5, 2007.

2. B. Álvarez, D. Miles, « Gender effect on household work allocation: evidence from Spanish two-earner couples », *Journal of Population Economics*, 16(2), p. 227-242, 2003.

tend à revenir à un jeu à somme nulle du point de vue du couple comme de la maternité : ces femmes sont contraintes soit d'accepter que leur carrière soit lourdement pénalisée, soit de renoncer à la fois au mariage et aux enfants [1].

Tout bien considéré, il semble que la fondation d'une famille dans les sociétés développées obéisse désormais à un ensemble de règles qualitativement nouvelles. Les femmes gagnent du terrain en termes de maîtrise des ressources économiques et de capacité à exercer leur autonomie. Une comparaison entre le Danemark et la France en témoigne. Presque tous les couples danois de moins de 55 ans (83 %) sont calqués sur la nouvelle norme : les deux travaillent, les deux ont une carrière professionnelle. Et la Danoise moyenne contribue à 43 % au revenu total de la famille. En France, où la révolution féminine est beaucoup moins avancée, ce n'est que dans 59 % des couples que l'homme et la femme gagnent tous deux leur vie et l'apport du revenu de la femme moyenne est bien inférieur (30-35 %). Ce qui devrait entraîner des différences notables dans le pouvoir de négociation de la femme au sein du ménage. On est tenté de conclure que les femmes hésitent de plus en plus à devenir mères si les normes traditionnelles en matière de rapports entre les sexes continuent de dominer la famille. Dans cette hypothèse, les politiques visant à réduire le déficit d'enfants doivent aussi renforcer le pouvoir de négociation de la femme au sein de la famille. Chose intéressante, c'est ici que les allocations familiales peuvent être efficaces. Les recherches montrent en effet que la position des femmes dans la négociation se renforce sensiblement lorsque les transferts aux familles sont faits à leur nom et sur leur propre compte en banque [2].

Une politique standard de « soutien aux mères » devrait

---

1. Catherine Hakim (*op. cit.*) fait également cette remarque lorsqu'elle compare femmes britanniques et femmes espagnoles.

2. S. Lundberg, R. Pollak, T. Wales, « Do husbands and wives pool their resources ? », *Journal of Human Resources*, 32, 1997, p. 463-480.

inclure un régime d'imposition neutre et individualisé, un congé de maternité ou parental avec sécurité de l'emploi, et des aides permettant de faire garder les enfants. L'imposition commune pénalise les revenus marginaux des femmes et s'avère discriminatoire. L'accès à une garde d'enfants de qualité et abordable est la condition *sine qua non* d'un équilibre futur viable.

Il est important de comprendre que les coûts que représente la prise en charge des enfants équivalent à un *impôt régressif* sur l'offre de travail des mères. Les services de prise en charge de qualité des enfants sont socialement biaisés dans la mesure où, lorsqu'ils sont marchands, ils sont trop chers pour beaucoup de familles : les mères à faible revenu sont particulièrement portées à sacrifier l'emploi rémunéré – alors même que ce sont justement leurs gains qui sont essentiels au bien-être de la famille. La solution familialiste traditionnelle – les grands-parents – est de plus en plus irréaliste : ils ont eux aussi de plus en plus tendance à travailler. Les nouvelles données de l'enquête SHARE fournies par l'Union européenne permettent aujourd'hui d'apprécier de manière relativement satisfaisante le rôle des grands-parents dans la garde d'enfants. Comme on pouvait s'y attendre, la fréquence des rencontres et des gardes est partout significative. La moitié des grands-parents français déclarent voir régulièrement leurs petits-enfants. Mais il y a plus surprenant : la fréquence à laquelle les grands-parents gardent leurs petits-enfants est *inversement* proportionnelle à l'intensité de cette prise en charge. Au Danemark, où la plupart des grands-mères travaillent, la fréquence est exceptionnellement élevée (60 %), mais l'intensité est faible (en moyenne 7 heures par semaine). L'Italie représente l'extrême opposé, avec une fréquence faible (40 %), mais une durée proche d'un temps de travail normal (28 heures par semaine). En France, la durée que le grand-parent moyen consacre à s'occuper d'un petit-enfant – 14 heures par semaine, soit le double des Danois[1] –

1. Je remercie Marco Albertini de m'avoir fourni ces chiffres.

résulte aussi du manque de places en crèche (et de l'absence d'école le mercredi). Il semble que les grands-parents s'occupent d'autant moins volontiers de leurs petits-enfants qu'ils sont confrontés à la perspective d'une garde très prenante. La même logique paraît s'appliquer aux pères : ils semblent consacrer plus d'heures à leurs enfants dans les familles où ils sont pris en charge pendant la journée.

Le familialisme n'a assurément pas disparu, mais toutes les évaluations réalistes nous montrent que son efficacité pour concilier carrière et maternité déclinera lorsque, au cours des années à venir, la révolution féminine sera presque achevée dans le reste de l'Europe. Ce qui signifie que nous devons trouver un modèle capable d'assurer une garde d'enfants universelle *et* de grande qualité. En France, comme dans la plupart des pays européens, les écoles maternelles garantissent déjà aux 3-6 ans un accès universel. Le grand défi concerne la prise en charge des moins de 3 ans.

La mise en place d'une couverture universelle est peu coûteuse. La Suède offre ce qui constitue sans doute le dispositif le plus généreux, avec un financement public qui couvre 85 % du coût total ; le Danemark, un peu moins généreux (66 % du coût total), est manifestement à même de fournir une couverture universelle, en partie parce que le service est gratuit pour les parents à faible revenu. Le coût total pour les finances publiques s'élève à un peu moins de 2 % du PIB, ce chiffre englobant tous les enfants de 0 à 6 ans. Le coût de la prise en charge journalière des moins de 3 ans en représente sans doute environ la moitié.

Si notre objectif était d'assurer une conciliation maximale, la politique danoise serait sans doute le meilleur modèle, compte tenu des deux faces du problème de la conciliation. D'une part, elle garantit manifestement à toutes les mères de jeunes enfants la possibilité de continuer à travailler : leur taux d'emploi y est de 78 % (contre 63 % en France). Les recherches ont également montré que la sanction en termes de revenu, à l'échelle d'une vie, est relativement marginale, ce qui est principalement dû au fait que presque toutes les mères reprennent le travail après leur congé de maternité. D'autre part, le recours aux services de prise en charge des enfants est bien universel. Les estimations officielles les plus récentes évoquent un taux de couverture de 85 % parmi les enfants de 1 et 2 ans.

La mère danoise type a recours à des congés maternité au cours de la première année de l'enfant, puis reprend le travail – à mi-temps pour une courte période, puis à plein temps. D'un point de vue économique, cette politique présente un rapport coût-efficacité tout à fait inhabituel. La logique en réside dans une dynamique de long terme. Nous connaissons l'importance de la perte de revenu qu'entraînent, à l'échelle d'une vie, de longues interruptions de carrière dues aux naissances. En gros, une mère qui cesse de travailler pendant 5 ans pour s'occuper de jeunes enfants gagnera au cours de sa vie 40 % de moins que si elle ne s'était pas arrêtée. Ce qui implique naturellement aussi que l'État percevra pendant la même période des impôts moins élevés. D'après des calculs qui concernent le cas danois, j'estime que les femmes qui bénéficient d'un mode de garde subventionné finissent, sur le long terme, par rembourser (avec intérêts !) la subvention initiale grâce à l'augmentation de leurs gains à l'échelle d'une vie et aux impôts qu'elles acquittent. Ainsi, si la dépense publique initiale s'élève à 72 850 euros, l'impôt sur le revenu supplémentaire perçu par les pouvoirs publics s'évalue à 110 000 euros, et le retour sur investissement du ministère des Finances sera de 43 % (voir Tableau 1).

Tableau 1
COMPTABILITÉ DYNAMIQUE DES COÛTS ET RETOURS SUR INVESTISSEMENT RÉSULTANT DE MODES DE GARDE HORS DE LA FAMILLE

Hypothèses :

Une femme de 30-35 ans a deux enfants
Elle ne s'arrête pas de travailler (sauf pour un congé de maternité d'un an).
Son salaire représente 67 % du salaire moyen
Elle continuera à travailler jusqu'à 60 ans.

	Euros
Coût pour les pouvoirs publics :	
2 ans de crèche (x2)	24 000
3 ans d'école maternelle (x2)	48 850
Total	*72 850*
Gains pour la mère :	
(a) 5 ans de salaire plein	114 300
(b) gain salarial dû à l'absence d'interruption (à l'échelle d'une vie)	200 100
Total	*314 400*
Gains pour les finances publiques :	
recette supplémentaire résultant de (a)	40 000
recette supplémentaire résultant de (b)	70 000
Total	*110 000*
Retour net sur l'investissement initial pour les finances publiques (110 000-72 850)	**37 150**

Mais le fait de financer un service public de prise en charge des enfants produit des gains bien plus élevés si, comme je le montrerai dans la deuxième leçon, on le considère aussi comme un investissement efficace sur les capacités d'apprentissage des enfants. Deux arguments principaux plaident en faveur de l'État-providence plutôt que du marché. Dans la mesure où les services marchands de prise en charge des enfants constituent un impôt régressif sur l'emploi des femmes, le financement public est manifestement un prérequis de l'équité et de la justice. Et, si tant est que ces services marchands soient accessibles à la plupart des familles, ils présenteront inévitablement, comme aux États-Unis, de grandes différences qualitatives. Ce qui signifie que l'inégalité de pouvoir d'achat des familles se traduira par une qualité inégale de soins aux enfants, laquelle, à son tour, entraîne des différences de développement entre enfants.

Soutenir l'emploi des femmes tout au long du parcours de vie

Là où c'est la solution familiale qui prévaut, le besoin de soins risque de faire peser un lourd fardeau sur les femmes qui arrivent à l'âge mûr. La probabilité d'avoir des parents âgés dépendants augmente rapidement après 50 ans. Quand les besoins deviennent intenses, ils obligent à écourter prématurément la carrière. En outre, la possibilité même de prise en charge d'une génération par une autre se dégrade. Ceux qui vieilliront au cours des prochaines décennies auront beaucoup moins d'enfants que leurs prédécesseurs, ce qui veut dire que la réserve potentielle de membres de la famille susceptibles de s'occuper d'eux se tarit. Simultanément, la population de personnes âgées à risque va grossir très rapidement. Or nous devons partir du principe que la grande majorité de ces femmes qui atteindront 50 ans au cours des prochaines décennies auront une préférence marquée pour leur carrière et répugneront vivement à écourter leur vie professionnelle. Il était rare que les femmes qui ont aujourd'hui 55 ans ou plus bénéficient d'un niveau d'instruction élevé, mais ce sera la norme pour les femmes de 2020. Ainsi, aujourd'hui, 29 % seulement des Françaises de 60 ans sont allées au lycée ; ce taux s'élèvera à presque 60 % pour les femmes qui auront 60 ans en 2020. Finalement, les besoins se transforment avec la longévité, et se font beaucoup plus intenses : prendre soin d'une personne atteinte de la maladie d'Alzheimer constitue une occupation à plein temps.

Examinons les taux d'activité chez les femmes d'âge mûr (55-64 ans). En Suède, 65 % d'entre elles continuent de travailler, contre seulement 25 % en France et moins encore – 16 % – en Italie. Naturellement, ces différences ne résultent pas uniquement de l'obligation de s'occuper de membres de la famille, mais reflètent également des taux d'emploi féminin globalement bas tout au long de la vie. L'âge officiel de la retraite joue aussi certainement son rôle. Quoi qu'il en soit, tout comme – on l'a vu – en ce qui concerne les grands-parents qui s'occupent des jeunes enfants, le fait de devoir s'occuper d'un parent plus âgé s'impose à peu près identiquement partout en Europe. Si les Scandinaves semblent s'y livrer plus fréquemment, l'intensité est, une fois encore, assez modeste : un(e) Danois(e) y consacre en moyenne deux heures et demie par semaine. L'intensité est bien plus élevée en France (9 heures par semaine) et équivaut en fait à celle d'un emploi quasiment à plein temps en Italie (29 heures par semaine)[1]. En Scandinavie, aucune femme ou presque n'est obligée d'écourter sa carrière pour s'occuper d'un parent ; en Europe du Sud, cela reste la norme. Cesser de travailler vers

---

1. Le pourcentage de femmes d'âge mûr qui s'occupent des autres à plein temps est de presque 10% en Espagne, de 2% aux Pays-Bas et presque nul (0,6%) au Danemark (estimations d'après la vague d'enquêtes 2001 du panel européen des ménages).

50 ans implique de renoncer à une part essentielle du revenu perçu à l'échelle d'une vie et réduit probablement les droits à la retraite. Pour la société, cela implique de renoncer à des recettes fiscales.

La recherche de services de soins à l'extérieur de la famille va inévitablement connaître une augmentation brutale. Or elle ne peut être satisfaite par le marché, que ce soit sous la forme d'une prise en charge en établissement spécialisé ou à domicile, tout simplement parce que ces deux types de services sont trop chers pour la majorité des ménages. Le coût d'un placement en maison de retraite atteint facilement l'équivalent du revenu féminin médian. La politique danoise fournit, une fois encore, un modèle idéal, puisque l'offre de soins doit correspondre (en vertu de la loi) à la demande. La couverture totale des besoins par l'aide à domicile et les maisons de retraite y coûte presque 3 % du PIB (l'aide à domicile est entièrement financée par les pouvoirs publics, tandis qu'un cinquième environ du coût de l'hébergement en maison de retraite est couvert par la contribution du patient). Le modèle privilégie l'aide à domicile et cherche à réduire au minimum le recours aux maisons de retraite, non seulement parce que la première solution a la préférence des personnes âgées, mais aussi parce qu'elle présente un bien meilleur rapport coût-efficacité. Même si les visites sont quotidiennes, le coût par client de l'aide à domicile représente moins d'un tiers de celui d'un hébergement en maison de retraite. D'un autre côté, en cas de pénurie de maisons de retraite, les familles se tourneront vers l'hospitalisation, au moins deux fois plus chère que ces dernières.

Dans la mesure où il suffit d'avoir besoin de ces services pour pouvoir y prétendre, le modèle est équitable en termes d'accès. Mais n'oublions pas que le besoin est lié à la position sociale ; le financement devrait donc être progressif. Le système danois est financé par les recettes fiscales générales, ce qui garantit naturellement un minimum d'équité, qui serait améliorée si la part financée par les clients faisait elle aussi l'objet d'un prélèvement progressif. Une assurance dépendance à l'allemande est nécessairement inéquitable, en raison à la fois du plafonnement des revenus soumis à contribution et de barèmes fiscaux essentiellement proportionnels (et non pas progressifs). Quant au modèle anglo-saxon – des services gratuits aux pauvres sous condition de ressources, auxquels s'ajoutent des services marchands (subventionnés par l'impôt) pour les autres –, il garantira peut-être une certaine équité aux citoyens à très faible revenu, mais au prix d'inégalités majeures *et* de différences de prise en charge dans le reste de la population.

Une approche universelle à la danoise est-elle aussi efficace qu'équitable ? Oui, dans la mesure où elle absorbe l'ensemble du marché de la dépendance ; mais le coût qui lui est associé en ferait reculer beaucoup. Néanmoins, si notre but est de satisfaire la demande, la solution payante n'a guère de chances de générer des économies, du seul fait des profits à générer et des coûts de transaction élevés. Et pour la plupart des citoyens, ces services sont de toute façon inabordables sans subventions publiques. Pour mieux évaluer les coûts, on peut les comparer aux recettes supplémentaires que procure au gouvernement une augmentation de l'emploi des femmes d'âge mûr. Si celles-ci continuent de travailler dix ans de plus que la norme actuelle, les revenus du ménage connaîtront une augmentation substantielle, ce qui fera diminuer la pauvreté, donc le besoin d'aide sociale, et améliorera les recettes fiscales de l'État.

À titre d'illustration, faisons l'hypothèse que le taux d'emploi des Françaises d'âge mûr doublerait pour atteindre les niveaux scandinaves si la France adoptait un modèle danois en matière de soins aux personnes. Cela signifierait que 35 % de Françaises en plus, âgées de 50 à 55 ans, gagneraient leur vie pendant une dizaine d'années supplémentaires. Même si elles travaillaient toutes à temps partiel, la somme de leurs contributions à l'impôt compenserait probablement en grande partie l'ensemble de ce que coûtent à l'État les soins aux personnes âgées. N'oublions pas que la pauvreté des personnes âgées est particulièrement accentuée chez les veuves, surtout parce que le montant de leur retraite, à supposer qu'elles en aient une, est traditionnellement très peu élevé. En encourageant les femmes à une vie professionnelle plus longue, on dispose d'un antidote efficace contre la pauvreté des personnes âgées.

Féminiser le parcours de vie masculin ?

Si la révolution féminine est inachevée, c'est aussi parce que l'acquisition par les femmes d'un comportement plus « masculin » dans leur parcours de vie n'a pas trouvé d'équivalent en termes de « féminisation » des parcours des hommes. À supposer que les pères s'arrêtent de travailler au moment de la naissance des enfants, cette interruption n'est guère que symbolique (d'une durée analogue à celle d'un arrêt maladie pour cause de grippe). La Suède et la Norvège fournissent la seule véritable exception : les politiques en vigueur y encouragent très fortement les pères à prendre leurs « mois du papa », un congé paternité prolongé. Au cours de leur carrière, les hommes ont très peu changé de comportement par rapport au travail, à la seule exception notable de l'avancement du départ à la retraite.

Si l'on se tourne vers leur emploi du temps, des changements plus significatifs apparaissent. Les enquêtes sur la question nous montrent que la contribution des hommes au travail domestique non rétribué a fait un bond au cours de la dernière ou des deux dernières décennies, bond spectaculaire dans deux types d'activités : les activités ordinaires (le ménage, par exemple) et les activités relatives aux enfants (la contribution des pères a doublé depuis les années 1980 dans des pays aussi divers que le Danemark, la France et les États-Unis). La division du travail entre époux – production marchande pour l'un, travail à la maison pour l'autre – devient mieux équilibrée, les femmes travaillant et les hommes consacrant un plus grand nombre d'heures aux tâches domestiques.

La tendance est significative, mais pas d'ampleur révolutionnaire. Tout d'abord, l'écart entre les sexes en matière d'activité domestique et ménagère reste significatif. Même si les femmes ont un emploi, leur temps de travail est moindre, et l'augmentation du travail des hommes à la maison n'a fait diminuer que modestement la charge de travail domestique des femmes. Ainsi, les Français consacrent en moyenne 4 heures par jour à leur travail, contre 2,3 heures pour les Françaises. Pour le travail domestique, le tableau est exactement opposé : 2,2 heures pour les hommes, 4,3 heures pour les femmes[1].

Plus important : l'augmentation de la contribution des hommes est fortement biaisée socialement, puisqu'elle concerne les hommes les plus diplômés et les familles où les femmes sont en position de force pour négocier. Non seulement un fossé sépare la manière dont les hommes les plus et les moins qualifiés s'occupent respectivement de leurs enfants, mais ce fossé est en train de se creuser. La féminisation du parcours de vie des hommes concerne principalement le sommet de la pyramide sociale.

La symétrie entre les sexes joue un rôle de plus en plus important dans le comportement social. Nous l'avons dit, il a été prouvé que la possibilité de compter sur la participation du compagnon est un facteur décisif de fécondité chez les femmes qui travaillent. Il est également prouvé que la contribution du mari aux tâches ménagères fait diminuer les risques de séparation et de divorce[2]. Cela pourrait expliquer pourquoi le risque de divorce se

1. Calculé d'après les derniers chiffres Eurostat (europa.eu.int/comm./eurostat/statistics in focus).

2. L. P. Cooke, « The gendered division of labor and family outcomes in Germany », *Journal of Marriage and the Family*, 66, 2004, p. 1246-1259.

concentre de plus en plus dans les couches sociales inférieures. Et, si les inégalités sociales en matière de stimulation des enfants s'intensifient – c'est ce que nous verrons dans la deuxième leçon –, c'est en grande partie parce que les hommes les plus qualifiés consacrent davantage de temps à leurs enfants, contrairement aux moins diplômés. Le fait que ces derniers semblent si réticents à voir s'effacer la division du travail entre les sexes consolide la dimension duale, voire polarisée, de la révolution féminine.

L'homogamie maritale (le fait de se marier au sein d'un même milieu social) constitue un facteur de plus grande symétrie entre les sexes. Lorsque les époux ont le même niveau de formation ou qu'ils ont d'autres caractéristiques en commun, ils ont plus de chances d'avoir les mêmes préférences ; les avantages d'une division des rôles sont alors également moindres. Nous savons que la sélection maritale est particulièrement prononcée tout en haut et tout en bas de la pyramide sociale. Mais les chiffres suggèrent que ce n'est qu'au sommet de la pyramide qu'elle favorise l'égalité des sexes[1]. Second facteur : la position des femmes dans la négociation au sein du foyer. Leur force de négociation vient principalement de leur degré d'indépendance économique, qui dépend à son tour de leur capacité de gain. Mais le problème est que celle-ci est très limitée chez les moins qualifiées. De ce point de vue, nous sommes confrontés à un nœud gordien fondamental, que l'on ne peut efficacement trancher qu'en prolongeant la révolution féminine vers le bas.

Les aspirations des femmes à être économiquement autonomes et à avoir des enfants produisent des bénéfices privés, mais aussi une valeur collective substantielle, raison supplémentaire de recourir à des politiques publiques. Le rôle de l'État-

1. J. Bonke, G. Esping-Andersen, « Parental Investments In Children : How Educational Homogamy And Bargaining Affect Time Allocation », *Demosoc, Working Paper*, 13, 2007.

providence en matière de congés parentaux, de garde d'enfants et de soins aux personnes âgées dépendantes est simple : la question est essentiellement celle des coûts et des bénéfices qui y sont associés. Mais, si les inégalités entre familles font fortement obstacle à un meilleur équilibre, qu'y peut l'État-providence ? Après tout, il s'agit là d'un problème étroitement lié à l'intimité familiale.

Déclarations symboliques et appels idéologiques à l'égalité des sexes ne manquent pas en Europe, mais ils n'ont guère de chances de changer les choses. Ce sont les incitations et les contraintes qui jouent un rôle clé ; c'est pourquoi il nous faut les identifier.

Les contraintes peuvent d'abord résider dans le refus des individus de rompre avec les normes traditionnelles en matière de rapports entre les sexes. Mais cela n'explique véritablement rien, puisque nous savons qu'un nombre de plus en plus élevé de couples sont unis par une relation de plus grande égalité entre les sexes. Il s'agit principalement des foyers où l'homme comme la femme ont un niveau de qualification élevé et travaillent, et où l'épouse bénéficie d'une autonomie économique importante. Si tel est bien le cas, décider que l'aide apportée par l'État aux familles doit être versée à l'épouse et sur son compte en banque pourrait être l'un des éléments d'une stratégie efficace. Second facteur essentiel qui entrave le travail des femmes dont le niveau de qualification est faible : l'écart de salaire entre les sexes, bien plus élevé, dans de nombreux pays, chez les moins qualifiés que chez ceux qui le sont davantage. Le taux d'emploi élevé dont les femmes peu qualifiées bénéficient en Scandinavie est indubitablement lié à un écart de salaire très modeste si l'on se place à l'échelle internationale. La solution consistant à augmenter les salaires de ces femmes peu qualifiées, par exemple en relevant le salaire minimum, est problématique, car elle risque d'entraîner plus de chômage. Si les Nordiques peu qualifiées trouvent un emploi malgré des salaires relativement élevés, c'est principalement parce que l'État-providence a créé en son sein un immense marché du travail féminin – conséquence d'une offre publique de services très riche.

Mais, comme on dit, il faut être deux pour danser le tango : c'est du côté masculin de l'équation que l'on risque de rencontrer les principaux obstacles. Quelles incitations pourraient pousser les hommes à « féminiser » leur comportement dans leur parcours de vie ? Rappelons-nous que le coût d'opportunité potentiel des interruptions de carrière ou de l'augmentation du temps consacré aux tâches domestiques est marginalement plus élevé pour les hommes que pour les femmes, puisque les hommes bénéficient normalement de gains plus élevés quels que soient les niveaux de formation et de compétence. Mais cela s'explique d'abord par une discrimination statistique : les employeurs, parce qu'ils s'attendent à ce que la femme interrompe sa carrière, compensent ce risque en payant les femmes moins que les hommes. Si le risque pouvait être neutralisé pour les deux sexes, on serait en mesure d'espérer une plus grande convergence entre les salaires. En fait, l'écart de salaire entre les sexes est plus réduit dans les pays nordiques pour *tous* les niveaux de compétence, très certainement parce que le comportement des femmes sur le marché du travail y est exceptionnellement « masculinisé ». Nous voilà renvoyés, sous une nouvelle forme, au nœud gordien fondamental.

Une stratégie à la mode ces dernières années a consisté à encourager les pères à prolonger leur congé parental. Cette politique a généralement échoué. Mais nous pouvons tirer un enseignement des deux cas où elle a porté ses fruits : en Norvège et en Suède. Des années 1980 aux années 1990, la part des pères qui prenaient un congé de paternité a doublé pour atteindre plus de 40 %, et la durée du congé moyen a augmenté. C'est la manière dont cette politique avait été conçue qui a permis à ces pays de se démarquer nettement des autres. En premier lieu, le congé n'est pas transférable d'un membre du couple à l'autre, ce qui signifie que le congé spécifique pour le « papa » est perdu si celui-ci décide de ne pas y avoir recours. En second lieu, l'allocation a été portée à 80 % du salaire habituel. Mais un examen plus fouillé de la situation permet de découvrir que les congés des pères, surtout les congés de longue durée, concernent essentiellement les employés du secteur public (où l'allocation s'élève à 100 % du salaire).

Voilà une leçon importante. Le caractère pénalisant des interruptions pour la carrière est minimal dans les emplois relevant de ce que l'on pourrait appeler l'« économie molle », mais ce n'est pas le cas dans l'« économie dure », où s'exercent des pressions sur la compétitivité. Ainsi, l'égalisation des sexes par le biais des congés de paternité pourrait être plus limitée qu'on ne le pense. Une stratégie d'égalisation des sexes par la contribution quotidienne des hommes au travail domestique et à la garde des enfants pourrait donc être partout plus efficace. Les recherches récentes nous ont appris qu'il existe trois grands moyens de pousser les hommes à y participer davantage. L'une, déjà abordée, vient de la force relative de négociation de l'épouse au sein de la famille, qui dépend principalement de sa capacité de rémunération. Une autre relève simplement du volume requis de travail et de soins. Nos données sur les échanges entre générations sont porteuses d'enseignements très importants : la probabilité d'accepter de s'occuper d'un parent est *inversement* proportionnelle à l'intensité du soin. On voit la même logique à l'œuvre s'agissant du temps que les pères consacrent à leurs enfants : il *augmente* de manière significative lorsque les enfants sont pris en charge pendant la journée. Une politique de prise en charge universelle de la petite enfance devrait dès lors largement contribuer à introduire dans la vie familiale plus de symétrie entre les sexes. Le troisième facteur est lié à la durée de la journée de travail standard. En Europe, les pays méditerranéens représentent un cas extrême : la journée de travail normale y dure jusqu'à 8 ou 9 heures du soir. Ce qui interdit *de facto* toute contribution significative de l'homme, si égalitariste soit-il. Il pourrait donc être pertinent de réformer les horaires de travail.

Au cœur de la nouvelle politique familiale, il y a cet apparent paradoxe : le bien-être de la famille dans les sociétés contemporaines présuppose une « dé-familialisation » de certaines tâches. Cela n'implique évidemment pas de faire intrusion de manière coercitive dans la vie familiale. Il s'agit essentiellement de lui offrir des options réalistes. Si l'absence de solutions de garde abordables constitue un obstacle majeur à la fécondité, un service public de la petite enfance devrait permettre aux citoyens de fonder la famille qui correspond vraiment à leurs désirs. Selon une croyance répandue, l'externalisation des responsabilités familiales compromettrait la qualité de la vie de famille et en saperait les solidarités. Tout montre exactement le contraire. Nous l'avons vu, les liens entre les différentes générations d'une même famille semblent plus forts et plus fréquents lorsque l'obligation potentielle de s'occuper de ses parents est raisonnablement limitée ; il en va de même pour le degré auquel les pères s'occupent de leurs enfants.

Une nouvelle répartition des rôles entre l'État, le marché, les associations ?

Quel devrait donc être le poids respectif du marché et de l'État lorsqu'ils se substituent à la famille pour produire la protection ? Les anti-privatisations, pour qui *tout* ce qui est privé est mauvais, s'opposent régulièrement à ceux qui soutiennent que *tout* ce qui est public est mauvais. Mais la vérité est dans les détails, non dans les généralités idéologiques. L'éventail de la privatisation est large, d'un régime purement marchand à l'introduction de principes quasi marchands dans le financement public. Entre les deux, on trouve les associations à but non lucratif, les fournisseurs privés régulés ou subventionnés, les systèmes publics de bons d'achat, etc.

Premier point à propos duquel il faut enfoncer le clou : en

termes macroéconomiques, les coûts totaux de la protection sociale ne seront probablement pas très différents quelle que soit la manière dont on combinera les apports du marché et de l'État. Le Danemark et les États-Unis, deux extrêmes opposés en termes de dépense sociale publique, aboutissent pourtant presque au même résultat du point de vue des dépenses sociales totales nettes (voir ci-dessous pour plus de détails). Si le marché est véritablement compétitif, on peut espérer une amélioration qualitative et, dans certains cas, on peut montrer qu'il est possible de limiter les coûts par la fourniture privée des services. Les services d'aides à domicile seront inévitablement plus chers s'ils sont assurés par des agents de la fonction publique que s'ils sont fournis par un personnel sous contrat. Mais, dans bien des institutions d'accueil du secteur marchand, le coût par personne du service sera normalement supérieur à son équivalent dans le secteur public. Cela s'explique en partie par la nécessité pour le privé de dégager des profits, mais surtout par le niveau élevé des coûts de transaction (engagés pour faire de la publicité, ou bien pour les facturations). Même si les fournisseurs de services sociaux du secteur marchand sont plus chers, cela n'implique pas automatiquement que le financement par les pouvoirs publics soit la seule autre solution. Les associations d'aide sociale catholiques et protestantes représentent une part essentielle de l'aide sociale disponible dans certains pays. Au Danemark, un tiers des centres qui prennent en charge les enfants sont fondés et dirigés par des associations de parents, et, en Suède, une école sur dix est indépendante. Le véritable problème qui se pose à nous est plutôt celui des effets secondaires de tel ou tel type de combinaison sur la redistribution et sur les comportements.

À moins d'être subventionnés (par exemple par des réductions d'impôt, ou par des bons publics d'achat), les services sociaux marchands sont généralement trop chers pour la moitié des ménages la moins riche. Il en va de même des assurances-maladie privées et des plans privés de retraite. L'assurance-maladie aux États-Unis en fournit un exemple tragique: jusqu'à 45 millions d'Américains ne sont pas du tout couverts. Il est important de *toujours* rapporter à l'équité tout gain potentiel d'efficacité. En règle générale, un gain d'efficacité est presque toujours contrebalancé par un prix à payer en termes d'équité.

Quant aux effets sur les comportements, trois catégories sont particulièrement dignes d'attention. D'abord, les effets incitatifs – incitation, principalement, à l'épargne et au travail. Même s'il est difficile de trouver des preuves empiriques fiables, il est plausible qu'un système de protection sociale à financement principalement public implique un niveau d'imposition susceptible de réduire les incitations au travail et l'épargne des ménages. *A contrario*, on peut s'attendre à voir l'épargne et le travail progresser lorsque les citoyens doivent financer eux-mêmes leur protection sociale. Mais, sans estimation crédible des effets de chaque solution sur l'épargne et sur le travail, prestation par prestation, nous ne sommes pas pour l'instant en mesure de faire un choix éclairé dans un sens ou dans l'autre.

Un deuxième effet a trait aux déficits et aux asymétries d'information. La compétition peut être très favorable à la qualité, mais bien des domaines de la protection sociale supposent un certain degré de compétence, que les individus ont peu de chances de posséder. Très peu sont capables de choisir entre plusieurs types de transplantation cardiaque. Même le fait de devoir choisir entre plusieurs écoles peut poser de grandes difficultés. Les asymétries d'information apparaissent quand le client devient captif de l'expertise de celui qui vend la prestation. En outre, la capacité des citoyens à s'informer est très inégalement répartie. Les plus diplômés n'auront peut-être pas de difficultés sur un marché compétitif, mais les moins qualifiés peuvent être gravement désavantagés. Les faibles pourront l'être encore plus si la compétitivité des marchés entraîne des pratiques d'écrémage et d'exclusion d'une partie de la clientèle. Un assureur privé rationnel aura ainsi tendance à éviter les clients à haut risque.

Le troisième type d'effet renvoie aux externalités sociales. Le fait qu'une partie importante de la population ne puisse se payer les services de protection sociale pourrait avoir des répercussions non négligeables sur la société. Prenons l'exemple de l'accès à la prise en charge des enfants. Si les parents dont le revenu est bas ne peuvent se permettre de recourir à des services de qualité, ils réagiront peut-être en adoptant une solution moins bonne pour leurs enfants (en les « collant » devant la télévision, par exemple) ou en décidant que la mère arrête de travailler. La première « solution » est indéniablement dommageable pour les enfants. L'autre réduit l'emploi agrégé (et les recettes fiscales) et accroît la pauvreté des enfants (ce qui nécessite des transferts de revenu public). Alternativement, l'inaccessibilité des modes de garde fera baisser la fécondité.

Il me semble essentiel d'intégrer dans la façon dont nous élaborons nos comptes publics tous ces effets sur les comportements et sur la redistribution. Nous devons également contraindre les défenseurs et les adversaires de chaque option à en fournir une telle comptabilité sociale complète.

L'argument le plus puissant en faveur de la privatisation consiste à dire qu'elle accentue la liberté de choix et la compétition, qui peuvent l'une comme l'autre améliorer la qualité. Mais la faiblesse de cette position vient du fait que l'on pourrait obtenir des bénéfices identiques en appliquant des principes « quasi marchands » dans les services publics (ou régulés par les pouvoirs publics). Une palette de choix plus large est tout à fait compatible avec des objectifs égalitaristes si les fournisseurs de services en compétition sont soumis à une régulation adéquate et si les consommateurs sont correctement informés. Les recherches empiriques regorgent de cas de bonne et de mauvaise pratique dont nous pouvons tirer de nombreux enseignements. Si l'on autorise les fournisseurs à sélectionner les risques ou à décider des tarifs comme ils l'entendent, on a de fortes chances d'aboutir à une ségrégation en matière de protection sociale. Le problème fondamental est celui de la mise en place d'un cadre de régulation cohérent et efficace.

La comptabilité des régimes de protection sociale

Quelle que soit la manière dont un pays décide de combiner public et privé, une nouvelle politique familiale efficace nécessitera un accroissement de la dépense publique. D'après une estimation approximative fondée sur les comptes sociaux des pays scandinaves, des congés parentaux optimaux et une prise en charge universelle et de grande qualité des enfants et des personnes âgées dépendantes nécessitent une dépense équivalente à 5 % du PIB. Étant donné les pressions qui s'exercent aujourd'hui sur les finances publiques, notamment à cause du vieillissement, une telle charge pourrait sembler prohibitive. Mais n'oublions pas que la protection sociale comporte trois piliers qui représentent chacun une utilisation, directe ou indirecte, du PIB. Le fait de ne pas pouvoir augmenter la dépense publique ne signifie pas nécessairement une diminution de la dépense totale, parce que les citoyens compensent en achetant des prestations marchandes ou en recourant à l'aide familiale gratuite (qui possède, indirectement, une valeur monétaire).

Nous avons un problème fondamental avec notre comptabilité sociale, qui se limite de manière excessive et myope aux dépenses *publiques*. Dans les comparaisons internationales standard, on ne nous présente que la dépense sociale publique brute. Et l'on constate couramment que les pays scandinaves et la France dépensent beaucoup (34 % du PIB au Danemark, 33 % en France), apparemment beaucoup plus que les États-Unis (16 %) ou que la Grande-Bretagne (25 %)[1].

Ces chiffres sont pour l'essentiel dépourvus de sens, car ils

1. Pour les dépenses, tous les chiffres sont fournis par l'OCDE et concernent l'année 2001.

ne tiennent pas compte du fait que beaucoup des prestations sociales sont immédiatement taxées en retour – en particulier dans les États-providence où les dépenses sociales publiques sont élevées, comme dans les pays nordiques, et où la plupart des revenus issus de transferts publics sont imposables. Ils ne tiennent pas compte des dépenses fiscales cachées que constituent déductions et subventions fiscales visant à favoriser la protection sociale privée (défiscalisation des versements sur des fonds de pension par exemple). Le recours aux déductions ou exemptions fiscales est en effet très important dans les systèmes de protection sociale qui encouragent le recours au marché. Si l'on prend en compte d'un côté l'imposition des prestations sociales et de l'autre les dépenses fiscales cachées (exemptions et déductions d'impôts), on arrive à un indicateur beaucoup plus réaliste de la dépense sociale publique *nette*. Et l'écart considérable entre les différents pays se réduit : la dépense publique nette du Danemark n'est plus que de 26 % du PIB, et celle de la France de 29 %, alors que celle des États-Unis s'élève à 17 %.

Mais ces chiffres sont eux aussi largement dépourvus de sens, car ils ne tiennent pas compte des dépenses privées de protection sociale, qui risquent elles aussi d'être très élevées dans les États peu généreux en matière de protection sociale publique. La dépense sociale privée (nette) est, comme on pouvait s'y attendre, marginale en Scandinavie (0,8 % seulement au Danemark) ainsi qu'en France (2,1 % du PIB), et importante aux États-Unis (11 %) et en Grande-Bretagne (4 %). Quand on prend en compte la dépense privée, les différences internationales semblent soudain moindres. La dépense sociale totale nette (public + privé) est alors de 26 % au Danemark, 31 % en France et 25 % aux États-Unis. De fait, selon ce procédé comptable, c'est, de tous les pays de l'OCDE, la France qui dépense le plus ! Le tableau 2 fournit une vue d'ensemble.

Tableau 2
DÉPENSE SOCIALE APPARENTE ET DÉPENSE SOCIALE RÉELLE EN POURCENTAGE DU PIB (2001)

	Danemark	France	États-Unis
Dépense sociale *publique* brute	34	33	16
Dépense sociale *publique* nette	26	29	17
Dépense sociale *privée* nette	1	2	11
Dépense sociale *totale* nette	26	31	25

Source: W. Adema, M. Ladaique, *Net Social Expenditure, 2005 Edition.* Document de travail de l'ELSA (OCDE), 8 (2005 : tableau 6)

Première leçon : des dépenses dont l'ampleur semblait rédhibitoire, comme celles du Danemark, sont en réalité modestes. En d'autres termes, c'est moins la charge globale qui compte que a) la provenance de l'argent, et b) les résultats en termes de protection sociale pour un niveau donné de dépenses. Au Danemark et en Suède, presque tout l'argent vient du contribuable ; aux États-Unis, il vient en grande partie du consommateur. Au bout du compte, le Danois moyen et l'Américain moyen payent à peu près la même chose. Mais il est clair que les autres Danois et les autres Américains ne *recevront* pas la même chose.

Car tous les citoyens ne sont pas des citoyens moyens, et c'est ce qui donne à la comptabilité globale des régimes de protection sociale toute sa pertinence. Si l'argent doit en bonne part venir du consommateur, l'accès à la protection sociale dépendra de sa capacité de dépense. Une famille américaine moyenne peut, en général, se payer l'assurance-maladie et les services d'aide à la personne, mais les mêmes prestations sont hors de portée de la plupart des ménages appartenant à la moitié la moins riche. Voilà pourquoi près de 45 millions d'Américains n'ont aucune assurance-maladie, et voilà aussi pourquoi la qualité de la prise en charge des enfants et des personnes âgées aux États-Unis est extraordinairement variable. Pour citer un exemple analogue, à la fin des années 1990 le gouvernement Blair a entrepris de développer dans des proportions considérables les services de prise en charge des enfants, créant 600 000 places supplémentaires en quelques années. Sa politique s'appuyait sur des centres d'accueil privés à vocation commerciale, mais dans la mesure où les aides publiques restaient très modestes, l'accès des familles à ces services fut difficile. Finalement, presque la moitié de ces centres furent ensuite fermés, « faute de demande ».

On doit considérer comme un scénario réaliste l'augmentation à venir de la dépense au profit des services à la famille. Il est nécessaire de bien faire comprendre une chose très simple : a) si nous voulons *véritablement* parvenir à ces objectifs sociaux, cette charge financière supplémentaire est inévitable, quelle que soit la manière dont on combine privé et public ; b) si nous ne consentons pas rapidement cette dépense supplémentaire, nous devons nous attendre à des carences de protection sociale majeures.

Cette charge financière supplémentaire sera inévitablement variable selon les pays de l'Union européenne. Dans les pays comme le Danemark et la Suède, une part très importante des besoins nouveaux a déjà été financée, la prise en charge des enfants et des personnes âgées dépendantes étant presque universelle. Ces deux pays consacrent déjà environ 5 % de leur PIB à ces deux postes. Les dépenses supplémentaires qui s'imposeront au cours des prochaines décennies ne serviront donc qu'à une adaptation à la quantité de population ou à d'éventuelles améliorations qualitatives. À l'extrême opposé, des pays comme l'Italie ou l'Espagne ont un retard considérable à combler. Entre les deux, on trouve la France, où le besoin de dépenses nouvelles sera un peu plus limité, mais restera significatif, étant donné les graves insuffisances du financement de la prise en charge des enfants et, plus encore, des personnes âgées dépendantes.

En somme, nous avons besoin d'un système de comptabilité sociale consolidé, qui nous permette a) d'identifier la dépense publique réelle (par opposition à une présentation trompeuse) et b) d'étudier les évolutions des dépenses privées et publiques, leur combinaison entre marchés et gouvernements. Ce qui compte, c'est l'utilisation globale de la production nationale, la part réelle, nette et totale du PIB consacrée à la protection sociale. Si cette approche est aussi précieuse, c'est qu'elle permet une bien meilleure évaluation de la redistribution organisée par les différents modèles sociaux. La bonne question n'est pas de savoir *si* nous avons les moyens de financer plus de dépenses sociales : nous y viendrons de toute façon. La vraie bonne question consiste à se demander *qui* sont les gagnants, *qui* sont les perdants, et quels seront les effets sociaux de telle ou telle combinaison entre privé et public. Si nous pouvions également développer un système fiable permettant de mesurer les coûts implicites des services à la famille, nous pourrions tendre vers un authentique système de comptabilité des régimes de protection sociale.

DEUXIÈME LEÇON

Enfants et égalité des chances

Introduction

Une critique classique de l'État-providence consiste à lui reprocher de sacrifier l'efficacité à l'égalité. Les avantages sociaux qu'il apporte éroderaient l'incitation au travail, réduiraient notre tendance à l'épargne et feraient diminuer la productivité. S'il est vrai que la protection sociale mord la main qui la nourrit, nous sommes contraints à un arbitrage cruel.

Mais cette théorie de l'arbitrage repose sur une croyance plutôt que sur des preuves solides. Les évaluations empiriques sérieuses ont généralement échoué à mettre au jour de graves déficits d'efficacité imputables à l'État-providence[1]. Des arguments tout aussi plausibles en montrent au contraire la capacité à renforcer l'économie : des citoyens en bonne santé et qualifiés sont plus productifs et, s'ils se sentent en sécurité, ils sont plus enclins à accepter des changements rapides. En outre, le volet

1. Voir par exemple N. Barr, *The Economics of the Welfare State*, Stanford University Press, 1998, et A. Atkinson et G. Viby-Mogensen, *Welfare and Work Incentives*, Clarendon Press, 1993.

« égalité » de l'arbitrage est en général beaucoup trop indéterminé. Pour arriver à un niveau minimal de clarté, nous devons au moins distinguer entre égalité de résultat et égalité des chances. Nous devons également reconnaître que les liens entre égalité et politique sociale sont ambigus, voire souvent contradictoires.

On mesure généralement l'égalité de résultat en comparant la répartition des revenus (avant et après imposition) et les dépenses sociales. Personne ne doute évidemment du fait que les États-providence sont redistributifs, mais cela vient simplement d'une réaffectation du revenu au cours du cycle de vie, en particulier de la jeunesse vers le troisième et le quatrième âge. Mais il est tout aussi évident que des postes importants du budget social favorisent les riches au détriment des pauvres. C'est certainement le cas de l'enseignement supérieur et des soins médicaux les plus coûteux. D'une manière générale, l'objectif principal de l'État-providence n'a jamais été la redistribution du revenu pour elle-même, mais bien pour garantir assurance et protection. Pour autant que l'État-providence ait poursuivi un idéal égalitariste, c'était principalement pour faire progresser l'égalité des *chances* plutôt que celle des résultats effectifs. Dans un lointain passé, on parlait de classes sociales, et l'on promettait de veiller à ce que les origines sociales n'assignent pas à chacun les chances dont il bénéficierait dans la vie.

Même les défenseurs les plus ardents de la théorie de l'arbitrage admettraient que l'égalité des chances contribue de manière importante à l'efficacité, ne serait-ce que parce que c'est pour investir dans le capital humain d'une nation que l'on cherche à l'atteindre. Les réformateurs d'après-guerre étaient persuadés que l'extension et la démocratisation de l'enseignement permettraient tout à la fois de faire augmenter la productivité et de réduire l'impact des déterminations du milieu social de naissance. Au cours des dernières années du XXe siècle, il est devenu de plus en plus évident que l'universalité et la gratuité de l'enseignement avaient échoué dans leur mission d'égalisation des chances. L'accumulation de recherches comparatives de grande qualité[1] a imposé cette conclusion : presque aucun pays développé n'est parvenu à une égalisation significative des chances, le lien entre origines sociales et opportunités offertes à l'enfant dans la vie étant aujourd'hui aussi puissant qu'il l'était à l'époque de nos grands-parents[2].

C'est un grand paradoxe de notre époque que l'absence de vrai progrès dans ce domaine malgré les efforts consacrés à l'enseignement et, plus encore, à la redistribution par l'État-providence. Comme beaucoup de paradoxes, celui-ci s'efface dès que l'on parvient à mieux comprendre les véritables mécanismes qui commandent la vie sociale. Ce que l'on a désormais bien compris, c'est que les systèmes d'enseignement, même conçus à des fins progressistes et égalitaristes, sont institutionnellement mal équipés pour créer de l'égalité. Pierre Bourdieu explique cela par la manière dont le milieu scolaire est intrinsèquement biaisé au profit d'une culture de classe moyenne qui pénalise involontairement les enfants des couches sociales les plus basses. Ces dernières années, une autre explication, certainement plus solide, est apparue, fondée sur la psychologie expérimentale : les bases cognitives décisives sont scellées au cours de la toute petite enfance. Ce qui s'est joué à l'âge préscolaire est fondamental pour la motivation et les capacités d'apprentissage de l'enfant une fois qu'il est entré à l'école. Les origines sociales nous ont donc déjà profondément marquées avant même que l'État-providence n'intervienne véritablement dans nos vies. Conclusion logique : nous devrions nous intéresser à ce qui arrive au sein de la famille plutôt qu'aux politiques d'enseignement.

1. R. Erikson, J. H. Goldthorpe, *The Constant Flux : A Study of Class Mobility in Industrial Societies*, Oxford, Clarendon Press, 1992.

2. D'après des recherches comparatives, les pays nordiques pourraient être l'unique exception à ce scénario de « flux constant ». Ces pays ont sans aucun doute réussi à égaliser le niveau de qualification d'une couche sociale à l'autre, mais il n'est pas certain que l'on puisse attribuer cette égalisation aux réformes de l'enseignement.

La recherche d'une plus grande égalité des chances doit affronter, à bien des égards, des obstacles croissants, inhérents à l'évolution de nos économies où la connaissance joue un rôle de plus en plus prépondérant[1]. En fait, ce nouveau modèle d'économie, fondé sur la connaissance, altère la nature de l'arbitrage « égalité-efficacité ».

Les nouveaux défis

Si les enquêtes internationales PISA ont fait l'objet d'un débat public passionné, c'est précisément parce qu'elles nous donnent une excellente occasion d'évaluer notre degré de préparation à l'économie de la connaissance. Ces enquêtes de l'OCDE ont essentiellement pour objet de mesurer les compétences cognitives des jeunes d'environ 15 ans. Les compétences cognitives sont tout d'abord une condition *sine qua non* de la réussite scolaire. Elles occupent en outre, par définition, un rôle central dans l'économie de la connaissance, dans la mesure où elles permettent d'identifier la capacité à comprendre et à faire usage de l'information reçue. Malheureusement, dans de nombreux pays, le débat autour des résultats de PISA s'est focalisé sur la moyenne nationale. Et les médias sont obsédés par les classements, pour savoir par exemple si les Allemands sont vraiment inférieurs aux Français. S'il existe certainement des différences entre pays, elles perdent en importance au regard du degré de *dispersion* des compétences au sein de chaque pays. Que nous nous préoccupions principalement d'exclusion sociale ou de notre économie future, nous devrions d'abord nous soucier de la part de notre

1. Pour une analyse des caractéristiques de cette nouvelle économie, voir Daniel Cohen, *Trois Leçons sur la société post-industrielle*, Seuil / La République des idées, 2006. D. Cohen parle d'économie post-industrielle ou d'économie de l'information.

population qui souffre de problèmes de dysfonctionnements cognitifs.

Du point de vue de l'efficacité, il y a deux raisons essentielles d'assurer une égalité minimale de compétences et de capital humain. La première est démographique. Parce que la fécondité est basse depuis longtemps, les futures cohortes de jeunes sont – et resteront – très modestes. Au cours des décennies à venir, la population d'âge actif de l'Union européenne sera réduite de 50 millions. Ces cohortes peu nombreuses devront apporter leur soutien à une population âgée nombreuse et en augmentation rapide. Nous devons donc investir le plus possible dans le potentiel de productivité de la jeunesse d'aujourd'hui, de manière à assurer un État-providence viable au cours des décennies à venir.

La seconde raison est l'augmentation rapide des besoins de qualification de l'économie de la connaissance. Si tous s'accordent pour dire que les qualifications sont plus décisives que jamais, l'identification de celles qui comptent le plus est très controversée. Le niveau de qualification officiel demeure assurément crucial. On peut en gros prédire sans trop de risques de se tromper que quelqu'un qui n'est pas allé au-delà du collège ne s'en sortira pas bien sur le marché du travail de demain. Aujourd'hui, dans presque toutes les économies développées, ceux qui quittent l'école prématurément sont trois fois plus touchés par le chômage que ceux qui possèdent des diplômes de niveau supérieur, et ils sont très fortement sur-représentés parmi les chômeurs de longue durée. Dans une perspective de parcours de vie, ceux qui sont peu qualifiés ont peu de chances d'atteindre des pensions de retraite élevées et risquent donc de connaître la pauvreté durant leurs vieux jours. Il est néanmoins de plus en plus évident que l'ensemble des compétences, cognitives mais aussi non cognitives, gagnent en importance. Les compétences cognitives déterminent la capacité d'apprentissage des enfants à l'école, mais leur importance tout au long de la vie professionnelle est également avérée. On a par exemple montré que, si la formation scolaire initiale joue un rôle essentiel dans l'évolution des débuts de carrière, les capacités cognitives continuent d'exercer une influence puissante sur l'ensemble de la vie professionnelle. Cependant, James Heckman, prix Nobel d'économie, défend de manière très convaincante l'importance des compétences non cognitives[1], principalement parce que, dans les entreprises modernes, la capacité à diriger, les talents de communication, l'initiative, la capacité de projet sont de plus en plus indispensables pour réussir.

Tout comme beaucoup de capacités difficiles à observer, les compétences cognitives et non cognitives sont en partie génétiquement transmises et en partie acquises – c'est-à-dire générées par les stimulations de l'environnement[2]. Il est probablement vain de prétendre faire exactement la part des effets innés et des effets acquis, mais l'impact de ces derniers ne fait guère de doute. Dans la mesure où les capacités cognitives (et non cognitives) influencent la réussite scolaire et, par suite, les chances d'un adulte dans la vie, le défi consiste à garantir à tous les enfants un bon départ. Si nous investissons beaucoup dans nos enfants, les retours sur investissement seront considérables, aussi bien pour les individus que pour la société dans son ensemble.

---

1. On trouve dans G. Farkas, « Cognitive skills and noncognitive traits and behaviours in stratification process » (*Annual Review of Sociology*, vol. 29, 2003, p. 541-562), une mise au point sur l'importance des capacités cognitives. Pour l'argumentation en faveur des compétences non cognitives, voir J. Heckman et L. Lochner, « Rethinking education and training policy : understanding the sources of skill formation in a modern economy », p. 47-86, *in* S. Danziger et J. Waldvogel (dir.), *Securing the Future*, New York, Russell Sage, 2000, et P. Carneiro et J. Heckman, « Human capital policy », *in* J. Heckman et A. Krueger, *Inequality in America*, Cambridge, Mass., MIT Press, 2003.

2. S. Bowles, H. Gintis, M. Osborne, « The determinants of earnings : a behavioural approach », *Journal of Economic Literature*, XXXIX, 2001, p. 1137-1176 ; A. Bjorklund, M. Jantti, G. Solon, « Influences of nature and nurture on earnings variation », p. 145-164, *in* S. Bowles, H. Gintis et M. Osborne (dir.), *Unequal Chances*, New York, Russell Sage, 2005.

Toute considération sérieuse de l'égalité et de l'efficacité doit faire prendre conscience que les enfants constituent un bien collectif positif. Certes, leur valeur sociale n'est pas facile à évaluer avec précision. Selon une estimation récente, l'externalité positive produite par un enfant américain moyen équivaut à 100 000 dollars[1]. Mais, une fois encore, les moyennes masquent des variations substantielles. Les enfants prodiges contribueront sans aucun doute significativement au bien collectif, mais il faut tenir compte, en regard, du coût net, potentiellement important, des échecs. À titre d'illustration, le prix d'une année d'incarcération aux États-Unis tourne autour de 50 000 dollars, ce qui se trouve être le coût d'une année d'études à Harvard. En outre, selon des estimations récentes, la pauvreté infantile engendre aux États-Unis des coûts sociaux équivalents à 4 % du PIB. Cela résulte en grande partie du lien puissant entre pauvreté, échec scolaire et délinquance juvénile.

On pourrait imaginer deux versions radicalement opposées de la société de la connaissance. Un scénario inégalitaire qui lui ferait prendre l'aspect d'« îles d'excellence dans une mer d'ignorance » : une élite de la connaissance entourée d'une vaste quantité de population peu qualifiée. On peut faire l'hypothèse que la plupart des gens préféreraient l'autre scénario, celui de l'homogénéité, avec un niveau moyen de qualification élevé et une dispersion minimale. La proportion actuelle de jeunes dépourvus d'une qualification adaptée donne la mesure probable de la dimension des problèmes d'exclusion sociale à venir.

Le tableau 3 présente deux indicateurs parlants : la proportion de jeunes adultes qui ne sont pas allés au-delà du collège (CITE 1 et 2[2]) et la performance « cognitive » des jeunes

1. S. Preston, « The value of children », p. 263-267, *in* D. Moynihan, T. Smeeding et L. Rainwater (dir.), *The Future of the Family*, New York, Russell Sage, 2004.

2. Le CITE (classification internationale type de l'éducation) constitue un indicateur international du niveau d'éducation construit par l'OCDE.

de 15 ans d'après l'enquête PISA de 2000. Un niveau inférieur au minimum de PISA signifie que les sondés ont du mal à comprendre des informations élémentaires, et fournit donc une mesure du dysfonctionnement cognitif. Un coup d'œil rapide sur ce tableau suggère que le Danemark et la Finlande ont de bons résultats en termes d'homogénéité, les États-Unis se rapprochant davantage du scénario des « îles d'excellence ». La France se situe entre les extrêmes, avec un taux moyen d'abandon précoce de l'école, mais une répartition assez homogène des capacités cognitives.

Tableau 3
Profil de qualification de la force de travail de demain dans les pays représentatifs de l'OCDE

	% de CITE 1-2 (20-24 ans)		Résultats de PISA (math.)	
		Note moyenne de la population	% en dessous du minimum de PISA	% d'« élite » PISA
Danemark	4	526	5	4
Finlande	8	547	7	19
France	14	507	7	4
Allemagne	15	527	9	5
Espagne	31	487	19	4
Suède	10	518	12	11
Royaume-Uni	8	511	13	16
États-Unis*	20	499	18	12

Données CITE fournies par l'OCDE (*Connaissances et compétences. Des atouts pour la vie*, Paris, OCDE, 2003, tableau C5.2). Données PISA directement tirées des bases de données brutes. L'« élite PISA » renvoie au pourcentage de personnes qui se classent au niveau le plus élevé (le niveau 5) (en mathématiques).

* Pour les États-Unis, les chiffres renvoient à la somme de ceux qui n'ont pas terminé le lycée (12 %) et de ceux qui n'ont obtenu qu'une équivalence de diplôme d'études secondaires (8 %) (R. Haveman, G. Sandefur, B. Wolfe et A. Voyer, « Trends in children's attainments », p. 149-188, *in* K. Neckerman (dir.), *Social Inequality*, New York, Russell Sage, 2004, tableau 4.8).

L'idée de supériorité génétique d'une nation sur une autre étant indéfendable, il faut attribuer à des facteurs institutionnels ces immenses différences entre pays en matière d'abandon de l'école et de dispersion des capacités cognitives. En principe, l'Espagne devrait être à même de limiter le taux d'abandon à moins de 10 % et le dysfonctionnement au sein de sa population à 5 %. Caractéristique frappante : la dispersion des qualifications semble dissociée de la performance nationale moyenne. En d'autres termes, une plus grande homogénéité ne signifie pas forcément un niveau moyen inférieur. Le cas de la Finlande suggère que l'écart peut être réduit au minimum, même lorsque la performance moyenne atteint des niveaux record.

De plus en plus d'obstacles

L'augmentation des inégalités de revenu

L'augmentation des inégalités de revenu et leur influence sur la structure des opportunités constitue une première menace. À une extrémité, on voit les ménages aux revenus les plus élevés distancer les revenus moyens, en partie parce que les qualifications entraînent des retours sur investissement de plus en plus importants, en partie parce que les couples dont les deux membres travaillent et qui gagnent beaucoup d'argent se concentrent au sommet de la pyramide des revenus. À sa base, des couples peu qualifiés sont confrontés à des risques élevés de bas revenu et de chômage[1]. À l'exception notable de la France, le coefficient de Gini, qui mesure l'inégalité de revenu (primaire), a augmenté dans toutes les sociétés développées, et, pour certaines (Allemagne,

1. L. Katz, D. Autor, « Changes in the wage structure and earnings inequality », p. 1464-1555, *in* O. Ashenfelter et D. Card (dir.), *Handbook of Labor*

Suède, Royaume-Uni, États-Unis), de plus de 20 %. Peut-être est-ce l'augmentation souvent significative de la pauvreté infantile qui constitue la tendance la plus inquiétante. Elle a en effet doublé en Italie, en Allemagne et aux Pays-Bas, restant toutefois assez stable (à 8 % environ) en France.

Les inégalités augmentant, la capacité des parents à investir dans l'avenir de leurs enfants deviendra elle aussi plus inégale. L'hérédité sociale en sort renforcée. Ces dernières années, les chercheurs ont approfondi l'étude de ce phénomène en évaluant la corrélation directe entre le revenu des parents et celui de leurs enfants (devenus adultes). Ils ont constaté de grandes différences d'un pays à l'autre, elles-mêmes étroitement liées aux inégalités de revenus qui y règnent. Par exemple, la corrélation entre le niveau du revenu des parents et celui des enfants est 4 fois plus puissante aux États-Unis qu'au Danemark et en Suède. La répartition des revenus en France est, par rapport aux autres pays, assez inégalitaire, ce qui rejaillit sur l'héritage social. Sans atteindre le niveau des États-Unis, la corrélation (0,4) n'en est pas moins deux fois plus élevée qu'au Danemark (0,15). L'enseignement public contribuera naturellement à amortir l'incidence du niveau du revenu des parents, mais ne l'éradiquera pas.

L'effet revenu est particulièrement prononcé aux deux extrêmes de l'échelle des revenus. Au sommet, les riches peuvent acheter un avenir sûr même aux moins doués de leurs enfants. On constate ici un surinvestissement important au profit des enfants qui correspond manifestement à un usage inefficace de nos ressources économiques. À la base, l'effet peut être beaucoup plus grave. Selon des recherches américaines, un enfant de

---

Economics, vol. 3A, Amsterdam, Elsevier, 1999 ; P. Gregg et J. Wadsworth, « Everything you ever wanted to know about worklessness and polarization at the household level but were afraid to ask », *Oxford Bulletin of Economics and Statistics,* 63, 2001 ; D. Hyslop, « Rising U. S. earnings inequality and family labor supply : the covariance structure of intrafamily earnings », *American Economie Review*, 91, 4, p. 755-777, 2001.

parents pauvres a 42 % de chances de devenir lui aussi pauvre à l'âge adulte[1]. Comme je l'ai indiqué plus haut, non seulement la pauvreté infantile représente un coût social important, mais elle entrave aussi considérablement les chances des individus.

Les défis démographiques

Les changements qui affectent aujourd'hui la structure familiale peuvent aussi contribuer à creuser les écarts. Tout d'abord, les familles sont plus instables et la proportion d'enfants qui grandissent auprès d'une mère isolée augmente. Ces foyers représentent désormais 15 à 20 % des familles avec enfants en Europe du Nord et aux États-Unis (17,4 % en France en 1999, environ 20 % en 2007 [2]). Les conséquences négatives de cette situation sur le bien-être des enfants sont claires aux États-Unis, mais moins nettement attestées en Europe, ce qui est certainement lié à une sélection sociale sous-jacente. Aux États-Unis (comme au Royaume-Uni), les mères isolées et les cas de divorce se concentrent fortement dans les couches sociales les plus basses, ce qui n'est pas le cas dans la plupart des pays européens. Deux raisons principales expliquent que ces foyers exercent des effets négatifs sur les enfants qui y grandissent. La première est le risque élevé de pauvreté qu'encourent ces enfants. Aux États-Unis, la moitié des ménages composés d'une mère isolée sont pauvres, mais, comme on pouvait s'y attendre, le risque est moins élevé en Europe – 29 % en France, 38 % en Allemagne et pas plus de 13 % en Suède. La limitation de la pauvreté en Scandinavie est probablement moins due à la générosité du soutien

1. A. Bjorklund, M. Jantti, G. Solon, « Influences of nature and nurture on earnings variation », p. 145-164, *in* S. Bowles, H. Gintis et M. Osborne (dir.), *Unequal Chances*, New York, Russell Sage, 2005.

2. A. Eydoux, M.-T. Letablier, *Les Familles monoparentales en France*, Rapport de recherche du Centre d'études de l'emploi, juin 2007.

de l'État-providence qu'au fait que presque toutes les mères isolées travaillent (81 % au Danemark). Une autre raison de l'échec des enfants de familles monoparentales réside dans le « déficit d'éducation » dont ils sont susceptibles de souffrir étant donné le peu de temps que leur mère leur consacre, d'autant plus, naturellement, qu'elle exerce un emploi.

Seconde tendance : l'augmentation de la sélection maritale, en particulier en matière d'éducation, où l'homogamie est de plus en plus forte. Ce phénomène est particulièrement prononcé au sommet et à la base de l'échelle sociale, où l'on trouve, à une extrémité, une forte concentration de couples où les deux parents sont dotés d'un capital humain élevé ; et, à l'autre, une forte concentration de parents avec un bas niveau d'éducation. Cela devrait accroître les inégalités, non seulement en raison des différences de capacité de gain, mais aussi de la structure d'emploi. Dans la plupart des pays, la révolution du rôle des femmes demeure inachevée, dans la mesure où le choix de travailler toute sa vie, que font désormais les femmes à haut niveau de qualification, ne s'est pas étendu aux femmes moins qualifiées. Si l'on y ajoute que les hommes du bas de l'échelle sont beaucoup plus susceptibles d'être au chômage, on comprend qu'il y a là une source majeure de polarisation sociale. La clé en est la manière dont l'activité des femmes est biaisée socialement. Là où, comme en Scandinavie, presque toutes les femmes travaillent, l'écart est réduit au minimum ; là où, comme en France, l'emploi féminin se concentre au sommet, le fossé se creuse. Par exemple, en France, les femmes appartenant au premier quintile de revenus (soit les 20 % de femmes dont les revenus sont les plus élevés) gagnent neuf fois plus que les femmes du dernier quintile, essentiellement parce que ces dernières travaillent très peu. Au Danemark, les femmes dont les revenus sont les plus élevés ne gagnent que quatre fois plus que celles du dernier quintile. L'homogamie maritale est également susceptible d'accroître les inégalités en matière de temps consacré par les parents à leurs enfants. Il est clairement attesté – j'y reviendrai ci-dessous de manière plus détaillée – que les mères *et* les pères très qualifiés consacrent plus de temps à leurs enfants, particulièrement le temps que l'on pourrait dire de développement, c'est-à-dire de stimulation active.

Troisième défi démographique : l'augmentation de l'immigration. Chose curieuse, les immigrés de la deuxième génération tendent à converger avec la population locale en termes de comportement démographique – de fécondité, par exemple –, mais non d'enseignement et de qualification. Ainsi, même en Suède, où le système scolaire s'attache pourtant de manière extraordinaire à remédier au désavantage des enfants d'immigrés dans leurs études, la probabilité d'un échec scolaire est 5 fois plus élevée chez les immigrants que chez les ressortissants d'origine autochtone[1]. Le phénomène est plus généralement illustré par les données PISA, qui révèlent souvent de très grands écarts de capacités cognitives entre les jeunes immigrés et les autres jeunes. Bien sûr, cette différence s'explique en partie par des facteurs qui ne dépendent pas à strictement parler du fait d'être immigré, comme le bas niveau d'éducation des parents ou du revenu familial. Mais, même en ajustant les résultats pour tenir compte de ce type de facteurs, le déficit dont souffrent les immigrés demeure tout à fait significatif : rectification faite, en Belgique, en Allemagne et aux Pays-Bas, les notes des enfants d'immigrés restent inférieures de 13 % à celles des autres enfants. En France, elles sont inférieures de 7 %.

1. Comme il ressort de la participation de l'auteur à une mission de l'OCDE en Suède, en février 2005.

Identifier les mécanismes de l'hérédité sociale

On s'aperçoit aujourd'hui que, si les efforts d'égalisation des chances par les politiques d'enseignement ont échoué, c'est parce que ceux qui ont conçu ces politiques ont cru à tort que l'inégalité des chances était liée au fait que l'accès à l'enseignement est socialement biaisé. Cela ne signifie naturellement pas que les différences dans l'organisation du système éducatif soient neutres. Il est bien établi que l'orientation précoce intensifie la sélection sociale, que l'existence d'établissements polyvalents socialement mixtes contribue effectivement à réduire les différences d'accès au lycée selon la classe sociale, et que les soutiens publics aux revenus des étudiants peuvent effectivement aider les moins privilégiés à faire des études supérieures.

Mais le consensus est désormais général : en matière d'héritage social, les mécanismes qui comptent vraiment sont enfouis à l'âge préscolaire. Pour beaucoup d'enfants, il s'agit aussi de la période où ils sont le plus « privatisés », où ils dépendent presque exclusivement du milieu familial. En fait, presque tous les instituteurs peuvent en témoigner, et ce dès le premier jour de classe : les enfants sont très inégalement préparés à l'école. L'école et, plus généralement, le système éducatif sont intrinsèquement peu équipés pour combler un tel fossé ; en outre, de très nombreuses recherches nous montrent que les politiques visant ensuite à y remédier sont relativement inefficaces. Tout cela suggère une nouvelle fois un point crucial. Que notre objectif soit de créer plus d'égalité ou simplement d'accroître la productivité de la force de travail de demain, nous devons concentrer l'analyse sur ce qui se passe entre les quatre murs du domicile familial. C'est là que se situent les effets vraiment importants.

Il faut distinguer trois sortes de mécanismes liés à la

famille : l'effet « argent », l'effet « investissement en temps » et l'effet « culture ». Caractéristique intéressante, ils ne coïncident pas nécessairement : les riches ne sont pas nécessairement ceux qui apportent le plus de temps ou de stimulation à leurs enfants ; les enseignants gagnent très peu d'argent, mais ils lisent des livres à leurs enfants.

L'importance de l'argent

L'influence des inégalités de revenu sur les chances dont chacun dispose dans la vie est intrinsèquement ambiguë. D'un côté, l'inégalité devrait inciter les individus à investir davantage dans le capital humain et, plus généralement, à être plus motivé pour progresser. De l'autre, le degré d'inégalité dans la génération des parents influencera la capacité de ces parents à investir dans leurs enfants. L'incidence des origines familiales sur les chances des enfants dans la vie devrait donc être corrélée au degré d'inégalité (plus les inégalités sont fortes, plus les enfants subissent l'influence du milieu d'origine de leurs parents). Le présupposé sur lequel reposaient les politiques d'après-guerre était le suivant : en rendant plus égal l'accès à tous les niveaux du système éducatif (en particulier grâce au financement public et à des aides ciblées), on annulerait l'effet des ressources parentales sur l'acquisition de capital humain, sans avoir besoin de modifier les salaires ou la répartition des revenus.

Des recherches récentes sur l'évolution des revenus d'une génération à l'autre révèlent l'optimisme excessif de ce présupposé[1]. La corrélation entre le revenu des parents et celui des

1. Pour une vue d'ensemble, voir Gary Solon, « Intergenerational Mobility in the Labor Market », p. 1761-1800, *in* Orley Ashenfelter et David Card (dir.), *Handbook of Labor Economics, Volume 3A*, Amsterdam, Elsevier Science, 1999, et M. Corak, « Do poor children become poor adults ? », communication préparée pour l'atelier CRISS, Sienne (25-26 septembre 2005).

enfants (une fois adultes) est, nous l'avons vu, exceptionnellement forte dans les pays – les États-Unis, mais aussi la France – où les disparités de revenus sont prononcées. Nous ne sommes absolument pas en mesure de dire, des niveaux inégaux de revenu ou de la mobilité, lequel est la cause et lequel l'effet. Les deux ne peuvent en tout cas que se renforcer l'un l'autre. L'essentiel ici est que les préoccupations de protection sociale et d'efficacité se rejoignent. Du point de vue de l'équité, les chances des enfants dans la vie devraient dépendre moins de la loterie de la naissance que de leurs propres capacités. Du point de vue de l'efficacité, les fortes corrélations entre revenu des parents et revenu des enfants impliquent que la société sous-investit dans un certain nombre de ses enfants (et qu'elle surinvestit peut-être aussi dans d'autres).

N'oublions pas non plus que l'effet revenu est particulièrement puissant aux deux extrêmes. Voilà pourquoi la pauvreté infantile mérite une attention particulière. D'après les conclusions de chercheurs américains, les enfants pauvres feront deux ans d'études de moins que les autres. Ils risquent aussi beaucoup plus de connaître des problèmes de santé, de sombrer dans la criminalité et, une fois adultes, dans le chômage[1]. Le pire est peut-être que la probabilité qu'ils deviennent eux-mêmes des parents pauvres est très élevée, c'est-à-dire que le syndrome se perpétue d'une génération à la suivante. L'impact de la pauvreté sur les enfants est peut-être un peu moins prononcé en Europe, ce qui ne signifie pas pour autant qu'elle compte moins[2]. Pour le Royaume-Uni, les données fournies par Gregg, Harkness et

1. S. Mayer, *What Money Can't Buy*, Cambridge, Mass., Harvard University Press, 1997 ; J. Brooks-Gunn, G. Duncan et L. Aber, *Neighborhood Poverty. Context and Consequences for Children, Volume 1*, New York, Russell Sage, 1997.

2. P. Gregg, S. Harkness et S. Machin, *Child Development and Family Income*, York, Joseph Rountree Foundation, 1999 ; E. Maurin, « The impact of parental income on early schooling transitions », *Journal of Public Economics*, 85, 2002, p. 301-332.

Machin[1] montrent que les difficultés financières au cours de l'enfance réduisent presque de moitié la probabilité de suivre une formation professionnelle poussée, et que les enfants pauvres ont trois fois moins de chances d'obtenir un diplôme de l'enseignement supérieur, et ce quelles que soient les capacités cognitives des enfants. L'étude contrôle en effet à partir des résultats obtenus à 7 ans à un test cognitif que les effets constatés sont indépendants des capacités. Le tableau est largement similaire en France. La probabilité de quitter l'école sans diplôme est quatre fois plus importante pour les enfants de familles pauvres que pour les autres[2]. La pauvreté n'est sans doute pas seulement une question de situation financière des parents. Un effet supplémentaire provient de l'insécurité des revenus, qui rend allergique au risque et peut amener à écourter les études des enfants de manière prématurée. Dans tous les cas, le résultat est à peu près le même. Par conséquent, si la pauvreté infantile et l'insécurité économique des parents augmentent, il faut s'attendre à des conséquences négatives sur le niveau de qualification et, ensuite, sur l'emploi et les salaires à l'âge adulte.

La pauvreté est particulièrement répandue chez les mères isolées. Les problèmes que pose aux enfants le fait de grandir dans ce type de famille sont largement connus, pour les États-Unis[3] comme pour le Royaume-Uni[4]. D'après Coleman[5], les taux d'abandon de l'école aux États-Unis sont plus élevés de 30 % dans

1. *Child Development and Family Income*, *op. cit.*

2. CERC, *Les Enfants pauvres en France*, Paris, La Documentation française, 2004, p. 106. Malheureusement, les estimations françaises ne sont pas corrigées par la prise en compte des capacités des enfants (par exemple *via* les résultats obtenus aux tests cognitifs).

3. S. McLanahan, G. Sandefur, *Growing up with a Single Parent*, Cambridge, Mass., Harvard University Press, 1994.

4. P. Gregg, S. Harkness et S. Machin, *Child Development and Family Income*, *op. cit.*

5. J. Coleman, « Social capital in the creation of human capital », *American Journal of Sociology*, 94, 1988, p. 95-121.

ces familles. Si les effets sont clairs, il est plus malaisé d'en identifier les mécanismes précis. Selon Biblarz et Raftery[1], les effets indésirables sont principalement liés aux mauvaises conditions socio-économiques, plutôt qu'à la monoparentalité en elle-même. Gregg, Harkness et Machin[2] concluent, eux aussi, à la disparition de l'effet négatif « parent isolé » lorsque l'on ajuste les résultats pour tenir compte de la détresse financière. Bernal et Keane[3] soulignent quant à eux les effets culturels et de socialisation.

La plupart des recherches sur l'effet « mère isolée » renvoient aux États-Unis ; n'en généralisons pas imprudemment les conclusions à l'Europe. D'une part, aux États-Unis, les mères adolescentes et appartenant à une minorité (noire) sont largement sur-représentées ; de l'autre, le divorce y est, plus qu'en Europe, biaisé au détriment des couples à faible revenu. N'oublions pas non plus le taux très élevé d'incarcération parmi les jeunes Américains de sexe masculin (surtout les Noirs). En fait, d'après mes propres analyses des données PISA, les effets profondément négatifs que le fait d'être élevé par une mère isolée exerce sur les résultats des enfants aux États-Unis (une fois corrigés par la prise en compte du statut d'immigré, de la situation socio-économique et des qualifications de la mère) ne sont pas extensibles à la plupart des pays de l'Union européenne. En effet, les résultats de pays aussi différents que le Danemark, les Pays-Bas et le Royaume-Uni suggèrent que les enfants de mères isolées réussissent relativement mieux que les autres *si* la mère travaille. Ce qui est certainement dû à des structures de garde de bonne qualité.

Si le revenu entre en ligne de compte, on pourrait s'attendre à ce que la redistribution par l'État-providence améliore

1. T. Biblarz et A. Raftery, « Family structure, educational attainment and socioeconomic success », *American Journal of Sociology*, 105, 2, 1999, p. 321-365.

2. *Child Development and Family Income*, *op. cit.*

3. R. Bernal et M. Keane, « Maternal time, child care and child cognitive development. The case of single mothers », article inédit, département d'économie, Northwestern University (15 septembre 2005).

notablement les chances des défavorisés. Le soutien financier que les pouvoirs publics apportent aux familles avec enfants varie considérablement selon les pays, en matière de taux de couverture comme de générosité. Son effet sur la réduction de la pauvreté, relativement mineur aux États-Unis (environ 4 points), est très important dans les pays nordiques (13 points en Suède) et en France (presque 20 points). Aux États-Unis, le taux de pauvreté avant redistribution étant naturellement exceptionnellement élevé, il reste élevé après transfert : 22 % de familles avec enfants restent pauvres. À titre de comparaison, la pauvreté infantile après transfert est inférieure à 5 % dans tous les pays nordiques[1].

Les mérites de la redistribution sont évidents s'il s'agit de réduire la pauvreté au minimum, mais permet-elle aussi d'égaliser les chances ? Cela dépend de l'influence véritable du revenu familial sur la réussite scolaire. Et, même alors, une stratégie de redistribution pourrait induire des effets secondaires, par exemple en amenant les parents à travailler moins. Comme je le montrerai dans la dernière leçon, hisser toutes les familles avec enfants au dessus du seuil de pauvreté représente un coût macroéconomique étonnamment modeste, sans incidence majeure sur l'offre de travail. Mais, en termes de rapport coût-efficacité et de réduction de la pauvreté, des arguments bien plus puissants plaident en faveur d'une autre solution : soutenir l'emploi des mères, en particulier au bas de l'échelle des revenus. La fréquence de la pauvreté infantile est divisée par 3 ou 4 quand les mères travaillent – surtout les mères isolées[2].

L'idée selon laquelle la redistribution destinée à réduire la pauvreté améliore les résultats scolaires est solidement étayée. Après avoir examiné les résultats de différents pays, Erikson et

1. Calculé à partir des données du Luxemburg Income Study. Ici, comme ailleurs, je situe le seuil de pauvreté à 50% du revenu médian corrigé des ménages.

2. G. Esping-Andersen, « A child-centred social investment strategy », *op. cit.*

Jonsson[1] concluent que le succès avec lequel les pays scandinaves ont su limiter le phénomène d'hérédité sociale au cours des dernières décennies doit être attribué au moins en partie à la manière dont ils ont réussi à réduire la pauvreté infantile et à assurer aux familles une grande sécurité économique. Si tel est bien le cas, nous voilà amenés à une conclusion très importante quant au débat sur le rapport entre État-providence et égalité : l'égalité des chances requiert au moins une certaine dose d'égalité de résultat. L'idée que l'égalité « ici et maintenant » n'est pas pertinente, que nous devons nous concentrer uniquement sur les opportunités, est manifestement fausse.

Pourtant – c'est ce que j'étudie plus loin –, l'efficacité d'une stratégie de redistribution, du moins si elle n'est pas accompagnée d'autres mesures, reste douteuse. En fait, le revenu familial n'est peut-être pas *le plus* décisif des mécanismes qui commandent les résultats des enfants : le contexte familial d'apprentissage et le temps que les parents consacrent à leurs enfants lui disputent ce rôle.

L'importance de l'investissement en temps des parents

L'avantage lié aux ressources des parents qui exercent un emploi peut être annulé par une carence éducative imputable au peu de temps qu'ils consacrent à leurs enfants. Si tel était le cas, les enfants situés au bas de la pyramide sociale devraient être relativement avantagés, puisque la charge de travail des mères moins qualifiées tend à être très inférieure. Mais cela dépend de trois autres facteurs. D'abord, la taille de la fratrie – à l'exception des pays nordiques, les femmes peu qualifiées ont plus d'enfants. Ensuite, les variations qualitatives du rapport parents-enfants.

1. R. Erikson et J. Jonsson, *Can Education be Equalized? The Swedish Case in Comparative Perspective*, Boulder, Col., Westview Press, 1996.

Enfin, la nature de la prise en charge extérieure. La qualité de la stimulation parentale est sans aucun doute fortement liée au niveau de qualification – et, bien sûr, aux talents « inobservables » des parents. La tendance à l'augmentation de l'homogamie (même niveau d'éducation des parents) au sommet et à la base de la pyramide pourrait creuser le « fossé qualitatif » entre les différents styles d'éducation.

Et c'est bien ce qui semble se passer. La structure et l'intensité de l'investissement en temps consenti par les parents subissent des changements profonds – et surprenants. Des données émanant de plusieurs pays montrent que, en moyenne, la durée totale que *les* parents consacrent à l'éducation des enfants a bel et bien augmenté depuis les années 1960. Mais les moyennes sont trompeuses, car elles masquent une réelle différenciation[1]. Chez les plus qualifiés – là où les mères, en général, travaillent –, on constate que l'investissement en temps des pères a connu une augmentation spectaculaire au cours des dernières décennies, puisqu'il a doublé aux États-Unis et au Danemark et presque triplé au Royaume-Uni[2]. On voit même augmenter – dans une moindre mesure – la durée que les mères à haut niveau de qualification consacrent à leurs enfants (principalement aux dépens des loisirs). En outre, ce temps supplémentaire est particulièrement centré sur les activités de « développement » de l'enfant. Ce qui suggère que les parents hautement qualifiés cherchent à maximiser leur investissement dans leurs enfants en le faisant passer devant leur revenu ou leurs loisirs. Mais, dans la mesure où cela ne semble pas être le cas des parents peu qualifiés, on voit le fossé social se creuser sur une dimension cruciale de la stimula-

1. S. Bianchi, P. Cohen, S. Raley et K. Nomaguchi, « Inequality in parental investment in child-rearing », p. 189-219, *in* K. Neckerman (dir.), *Social Inequality*, New York, Russell Sage, 2004.

2. J. Hook, « Care in context : men's unpaid work in 20 countries », *American Sociological Review*, 71, 2006, p. 639-660.

tion cognitive et non cognitive des enfants. Et l'écart n'est certainement pas négligeable. Les parents très qualifiés consacrent 20 % de temps supplémentaire à ces activités de développement par rapport aux parents moins qualifiés[1].

L'impact de l'emploi des mères sur les résultats des enfants alimente de nombreuses controverses, en particulier à propos de la tendance à limiter le plus possible les interruptions de carrière au moment de la naissance. De nombreux éléments attestent du caractère préjudiciable de la prise en charge à l'extérieur pendant la première année de vie de l'enfant. Il y a cependant une bonne nouvelle : *sous certaines conditions* – notamment que la prise en charge extérieure soit de bonne qualité et que les conditions de travail soient stables et non stressantes –, le fait que la mère exerce un emploi *après* la première année n'entraîne pas d'effets nocifs[2]. Les données PISA nous montrent également que les conséquences de l'emploi des mères (emplois à plein temps inclus) sont, dans de nombreux pays, plus positives que négatives[3].

1. Bonke et Esping-Andersen, 2007, *op. cit.*

2. J. Waldfogel, « Child care, women's employment and child outcomes », *Journal of Population Economics*, 15, 2002, p. 527-548 ; M. Mayers, D. Rosenbaum, C. Ruhm et J. Waldvogel, « Inequality in early childhood education and care : what do we know ? », p. 223-270, *in* K. Neckerman (dir.), *Social Inequality*, New York, Russell Sage, 2004.

3. Précisons que c'est surtout sur les filles que l'emploi des mères a un effet positif. De fait, dans certains pays, il semble affecter négativement les garçons. Mais on pourrait répliquer que les pères ont davantage tendance à s'occuper des petits garçons.

L'influence de la culture d'apprentissage de la famille

La qualité de l'investissement des parents est liée au « capital culturel », ou au milieu familial d'apprentissage, dont on a montré qu'il influençait fortement la réussite scolaire des enfants[1]. Il ne résulte pas seulement du niveau de qualification des parents ou de leur revenu (les enseignants, par exemple, ne gagnent pas beaucoup d'argent), et ses voies d'action sont variées : transmission aux enfants d'un bon bagage culturel de type « classe moyenne » (manière de se présenter, capacité à s'exprimer...) ; manière dont les parents connaissent et évaluent l'enseignement, ce qui leur permet de faire les meilleurs choix d'orientation pour leurs enfants (les parents peu qualifiés peuvent avoir du mal à aider leurs enfants à se repérer dans le système éducatif et ses complexités, surtout s'ils ont quitté l'école tôt) ; qualité de la stimulation parentale et, plus généralement, capacité des parents à soutenir activement le processus d'apprentissage de leurs enfants. Une fois encore, les données internationales PISA contribuent à faire la lumière sur ces effets, car elles intègrent trois indicateurs de « culture », parmi lesquels c'est la « quantité de livres à la maison » qui possède le pouvoir explicatif de loin le plus puissant[2].

D'après mon analyse des données PISA, dans tous les pays, le « capital culturel » l'emporte sur la situation socio-économique lorsqu'il s'agit d'expliquer les différences cognitives entre les jeunes de 15 ans. D'un point de vue statistique, l'effet « culture », toujours très significatif, est généralement beaucoup plus puissant que les effets liés au revenu. À titre d'illustration, j'ai

1. *Connaissances et compétences. Des atouts pour la vie*, Paris, OCDE, 2005.

2. Une mesure porte sur la culture de l'élite (le fait d'aller au théâtre ou au concert), mais celle-ci n'a presque aucun effet sur les compétences cognitives.

constaté que les enfants issus d'une famille qui possède moins de 10 livres amélioreraient leur compréhension écrite de 9 % si le nombre de livres qui se trouvent chez leurs parents atteignait la moyenne nationale.

L'ampleur du problème de la « culture » est liée à la quantité de personnes de la génération des parents à qui font défaut les ressources permettant de stimuler suffisamment les capacités d'apprentissage des enfants. Dans certains pays de l'Union européenne – comme l'Espagne et l'Italie –, un très grand nombre d'adultes n'a encore qu'un niveau de qualification minimal. À l'âge correspondant au moment où l'on élève généralement des enfants (35-44 ans), 54 % des femmes espagnoles ne sont pas allées au-delà de l'école obligatoire – contre 12 % seulement en Suède[1]. Le bond en avant du niveau de qualification des femmes réduira ce fossé au cours des décennies à venir. En Espagne, par exemple, le pourcentage de femmes de 10 ans plus jeunes qui n'ont pas poursuivi leurs études au-delà de la limite obligatoire est inférieur de 13 points. Mais on assiste également à des tendances contraires, dues aux grandes vagues d'immigration de personnes généralement peu qualifiées, confrontées qui plus est à de nombreux désavantages culturels et éducatifs susceptibles de compromettre gravement les chances offertes à leurs enfants.

S'il s'agit là – c'est ma thèse – des mécanismes clés qui expliquent la transmission d'un héritage social d'une génération à l'autre, on comprend aussi bien mieux qu'il y ait lieu de s'inquiéter des tendances à l'œuvre dans nos sociétés, sources potentielles de polarisation sociale. Nous savons en effet que les inégalités de revenu s'accentuent et que la pauvreté infantile augmente. De même, le fossé qui sépare les mieux et les moins bien qualifiés en matière d'investissement parental en temps est en

1. *Connaissances et compétences. Des atouts pour la vie*, *op. cit.*

train de se creuser. Pire encore, on constate que les deux coïncident fortement, ce qui suggère l'éventualité d'effets combinés.

Repenser l'État-providence

Comment une politique peut-elle influencer positivement la manière dont les familles produisent de l'héritage social ? Si la chose n'est pas difficile à imaginer en termes monétaires, est-il réaliste de proposer que l'État-providence influence la façon dont les parents élèvent leurs enfants ?

En un sens, cette question est aussi ancienne que notre civilisation. D'après Platon, qui se préoccupait sérieusement de la qualité de l'armée athénienne, il fallait retirer aux parents incapables leurs enfants pour en confier l'éducation à l'État. Selon l'idéologie kibboutznik, certainement plus égalitaire, il fallait garantir à *tous* les enfants un stimulus identique, donc les élever collectivement. Dans les nations développées et démocratiques, une politique réaliste ne peut qu'exclure ce type de mesures. Les parents font des enfants parce que tel est leur désir, et nos sociétés sont fondées sur un principe inébranlable, celui du caractère sacré et intrinsèquement inviolable de la famille. Comment, dès lors, concevoir une stratégie viable d'égalité des chances ?

Réduire l'effet revenu

Le lien entre niveau de revenu et chances des enfants suggère une politique de redistribution du revenu. La pauvreté infantile engendre des coûts, tant sociaux qu'individuels. Les premiers sont manifestement très difficiles à évaluer, car les mécanismes en sont très indirects. On dispose grâce à l'Urban Institute d'une estimation récente et assez exhaustive qui porte sur les États-Unis et se concentre sur trois principaux effets macro-économiques : la productivité, le coût de la criminalité et l'incidence sur la santé. L'étude évalue le coût total à 4 % du PIB, dont 1,3 % est imputable à la réduction de la productivité, 1,3 % à la criminalité et 1,2 % aux effets sur la santé[1].

La redistribution peut être un outil efficace de lutte contre la pauvreté infantile. Mais n'oublions pas que les transferts aux familles sont justifiés par d'autres préoccupations, telle que la reconnaissance collective des externalités positives propres au fait d'avoir des enfants. La réduction apparemment efficace de la pauvreté que l'on constate en France et dans les pays nordiques a bien sûr un prix : la dépense publique en faveur des familles représente 3 à 4 % du PIB dans les pays nordiques et 2,8 % en France, contre 0,4 % aux États-Unis et 1,1 % aux Pays-Bas (calculé d'après les données SOCX de l'OCDE).

À première vue, une redistribution abondante ne semble pas constituer un instrument suffisant. La France parvient à un taux de pauvreté après transfert d'environ 8 % bien que les ressources qu'elle y consacre soient d'ampleur nordique. Ce qui n'est pas étonnant, compte tenu du fait que la pauvreté avant transfert y est supérieure de 10 points à celle des pays scandinaves. Si la pauvreté est plus tenace en France – j'y reviendrai –, c'est aussi parce que les familles y travaillent moins.

Plusieurs raisons plaident pour une stratégie de redistribution du revenu. Si l'objectif est d'éradiquer la pauvreté infantile (définie comme un revenu inférieur à la moitié du revenu médian), le prix à payer est en fait étonnamment bas. Pour les États-Unis, où la pauvreté infantile atteint des records, je l'ai évalué à 0,4 % du PIB[2]. Soit exactement dix fois moins que les coûts sociaux estimés de la pauvreté infantile dans ce pays. Mais cette redistribution devrait être reproduite chaque année, et le

1. Déclaration de Harry Holzer (Urban Institute) devant le Committee of Ways and Means de la Chambre américaine des représentants, 24 janvier 2007.

2. G. Esping-Andersen, « A child-centred social investment strategy », 2002, *op. cit.*

bénéfice *net* devrait être rapporté à d'éventuels effets secondaires (la réduction de la quantité de travail, par exemple). En outre, en optant pour un transfert ciblé sur les familles pauvres, on risquerait de ne pas bénéficier du soutien de tous les citoyens. De plus, on contreviendrait à un autre principe de base de l'équité : si les enfants (qualifiés) produisent une externalité sociale significative mais que l'essentiel du coût qu'ils représentent est supporté par les parents, un calcul d'équité conclurait à la nécessité d'allocations familiales universelles, forfaitaires et assez généreuses. Si ceux qui n'ont pas d'enfants peuvent être considérés comme profitant des externalités sociales produites par les enfants sans en supporter le coût, on doit leur demander de payer[1].

Il ne faut donc pas confondre allocations familiales et politiques de lutte contre la pauvreté. Si notre but est de réduire le plus possible la pauvreté infantile, voire de l'éradiquer, nous pourrions introduire une forme de minimum garanti aux familles, qui s'ajouterait aux allocations familiales classiques. Si le coût en était par exemple de 0,4 % du PIB, il faudrait alors le rapporter à d'éventuels effets secondaires. Les parents réagiraient-ils en travaillant moins ? L'écart de niveau scolaire entre les enfants pauvres et les autres serait-il effectivement réduit ? Sur ce dernier point, il y a lieu d'être sceptique, cet écart résultant certainement non seulement du revenu, mais aussi d'éléments inobservables, dont certains n'ont rien à voir avec le fait d'être pauvre tandis que d'autres (les problèmes de santé ou les grossesses des adolescentes, par exemple) pourraient expliquer la pauvreté elle-même.

En tout cas, la charge de la redistribution de revenu serait considérablement allégée si l'on parvenait par d'autres moyens à

1. Klevemarken a tenté de chiffrer l'équivalent monétaire de l'investissement des parents en temps consacré à leurs enfants (« Microeconomic analyses of time use data. Did we reach the promised land ? », article inédit, département d'économie, université d'Uppsala (15 mai 1998)). Pour la Suède, il obtient une valeur équivalente qui se situe entre 22 000 et 29 000 dollars pour une famille moyenne, ce qui, en termes agrégés, correspond à 20 % du PIB.

faire progresser l'emploi des mères au sein des ménages à faible revenu. On l'a dit, la probabilité de pauvreté infantile est 3 ou même 4 fois moins forte quand les mères ont un emploi. L'effet sur les familles monoparentales est potentiellement encore plus fort. La différence est grande selon que le taux d'activité des mères seules est, comme au Danemark, de 81 % ou, comme au Royaume-Uni, de 35 % seulement. Kangas et Ritakallo[1] le montrent de manière particulièrement suggestive : ils se livrent à une simulation indiquant ce que serait le taux de pauvreté en France si le pays était doté du système de transfert et de la structure démographique des pays scandinaves. Nous avons vu que les transferts sociaux français permettent une réduction de la pauvreté d'ampleur similaire à celle des pays nordiques, mais qu'en revanche le niveau de pauvreté infantile après transfert reste plus élevé, dans la mesure où l'on part de beaucoup plus haut en France. On n'est guère surpris de constater que, pour converger véritablement vers le faible taux de pauvreté infantile de la Scandinavie, Kangas et Ritakallo montrent que la France devrait augmenter le taux d'emploi des mères. Mais, on le sait bien, l'emploi des mères dépend essentiellement de l'accès à un mode de garde abordable.

Homogénéiser le milieu d'apprentissage

Nous avons donc désormais pris conscience qu'une politique, pour être vraiment efficace, doit aussi s'attaquer aux effets produits par la « culture familiale ». Mais, toute solution de type platonicien étant exclue, beaucoup jugeront que cela ne relève absolument pas de sa compétence. On pourrait poser la question

1. O. Kangas et V. Ritakallo, « Social policy or structure ? Income transfers, socioeconomic factors and poverty in the Nordic countries and France », *LIS Working Paper*, 1998, p. 190.

ainsi : comment une politique peut-elle inciter les parents à lire avec leurs enfants ou à les empêcher de regarder la télévision ?

Pour le savoir, nous pouvons nous appuyer sur les recherches approfondies menées aux États-Unis pour évaluer l'impact des interventions en faveur des jeunes enfants. Le principal résultat, que l'on retrouve systématiquement, est le suivant : une intervention de bonne qualité à destination des enfants à risque dès l'âge préscolaire a des effets substantiels et durables. Elle améliore l'intégration sociale, limite la délinquance et prolonge les études[1]. Le programme Perry, qui met l'accent sur une intervention précoce (avant la scolarisation) sous forme de services de grande qualité ciblant les enfants défavorisés, semble particulièrement efficace, à la fois du point de vue des résultats des enfants et en termes de coût-efficacité. Jusqu'à 27 ans, le retour serait de 5,70 dollars pour chaque dollar dépensé et résulterait en partie de la diminution des comportements criminels, en partie de l'amélioration substantielle des capacités d'apprentissage des enfants[2]. L'apprentissage précoce améliore l'apprentissage ultérieur, alors qu'un mauvais départ compromet la suite.

La logique qui sous-tend cette analyse des coûts et des bénéfices est très convaincante, car elle intègre les effets de synergie positive (l'apprentissage engendre l'apprentissage) que les investissements précoces exercent sur le coût des investissements ultérieurs. Le « rendement » augmente de manière d'autant plus importante (pour devenir exponentielle) que l'enfant pris en charge est jeune, ce qui suggère que les investissements réalisés avant l'entrée à l'école et au début de la scolarité entraînent des retours nets très élevés, plus que proportionnels. Si le

1. S. Kamerman, B. Neuman, J. Waldfogel, et J. Brooks-Gunn, « Social Policies, Family Types, and Child Outcomes in Selected OECD Countries », Paris, OECD, Social, Employment and Migration, Working Paper, n° 6, 2003 ; L. Karoly, R. Kilburn et J. Cannon, *Early Childhood Interventions*, Santa Monica, Rand Corporation, 2005.

2. P. Carneiro et J. Heckman, « Human capital policy », *op. cit.*, p. 165.

taux standard de retour sur investissement dans les études tourne autour de 10 %, on peut anticiper que les retours sur investissement préscolaire pourront atteindre plus de deux fois ce niveau. Et, si les rendements marginaux sont nettement plus élevés pour ceux qui risquent le plus d'échouer à l'école, les investissements précoces devraient permettre une homogénéisation sociale vers le haut, et un gain en termes d'égalité des chances.

Ces conclusions ne doivent pas être appliquées sans réserve à l'Europe, où les inégalités de condition entre enfants sont moins extrêmes qu'aux États-Unis. Mais elles montrent quelque chose d'essentiel : les programmes d'intervention précoce incluant un puissant stimulus comportemental et cognitif peuvent efficacement contribuer à l'égalité de résultat, en particulier au profit des enfants les plus exposés à l'échec. Des arguments très solides plaident donc en faveur du financement d'une prise en charge collective précoce des enfants, et de très bonne qualité.

Une fois de plus, l'expérience des pays nordiques peut être intéressante – pour le meilleur et pour le pire. Le Danemark et la Suède ont connu à partir de la fin des années 1960 une expansion massive – et très rapide – d'établissements préscolaires, destinés à ouvrir leurs portes à tous – objectif à peu près atteint dans les années 1980. Lorsque cette politique a été lancée, l'idée était en fait moins d'investir dans les résultats des enfants que de concilier maternité et vie professionnelle. Mais, afin de se conformer aux attentes des familles de la classe moyenne, les standards ont été très élevés. Au Danemark, par exemple, la norme d'encadrement est un adulte pour trois enfants lorsque ceux-ci ont moins de trois ans.

La politique des pays nordiques quant à la prise en charge des enfants a bénéficié des leçons de leur longue expérience. Jusqu'aux années 1990, par exemple, les enfants ne pouvaient obtenir une place si la mère était en congé de maternité ou percevait des allocations chômage. D'où cette conséquence indésirable :

un grand nombre des enfants qui auraient pu tirer le plus grand profit de cette politique en étaient exclus par des effets de sélection dus au chômage, à l'inactivité des mères et à une fécondité élevée. Ces dernières années, les politiques ont fait des efforts particuliers pour inciter les immigrés et les chômeurs à placer leurs enfants dans les établissements publics[1]. Seconde leçon : il était nécessaire de mieux synchroniser congés parentaux et prise en charge collective des enfants. Au Danemark, jusque dans les années 1990, la combinaison du congé de maternité et du congé parental couvrait un peu moins de six mois, ce qui signifiait qu'un pourcentage très élevé de bébés étaient placés en crèche très tôt.

Nous ne disposons pas pour ces pays d'études d'impact systématiques de la politique de prise en charge des enfants[2]. Mais l'on sait indirectement que, quand tous les enfants ont eu accès aux établissements préscolaires, les résultats obtenus à l'école sont devenus nettement plus homogènes, de même, pourrait-on argumenter, que les résultats obtenus aux tests PISA (et aux tests analogues). Dans une précédente étude, je me suis servi des données IALS pour comparer les effets de l'origine sociale sur le niveau scolaire d'une cohorte générationnelle à l'autre[3]. L'étude portait sur trois pays nordiques ainsi que sur l'Allemagne, le Royaume-Uni et les États-Unis. Pour ces trois derniers pays, j'ai constaté que les phénomènes d'héritage social se répétaient des cohortes nées après guerre à celles des années 1970. En

1. Le Danemark expérimente actuellement des politiques de « discrimination positive », par exemple par des systèmes de ramassage scolaire permettant aux enfants d'immigrés de sortir des quartiers à forte population immigrée.

2. Andersson fait exception en montrant que, en Suède, la prise en charge journalière a des conséquences positives sur le développement de l'enfant, surtout dans les familles défavorisées (« Effects of day care on cognitive and socio-emotional competence of 13-year old Swedish schoolchildren », *Child Development*, 63, 1992, p. 20-36).

3. G. Esping-Andersen, « Unequal opportunities and the mechanisms of social inheritance », p. 289-314, *in* M. Corak (dir.), *Generational Income Mobility*, Cambridge, Cambridge University Press, 2004.

d'autres termes, l'incidence des origines sociales sur le niveau d'instruction n'y a pas diminué au cours des cinquante dernières années. Dans les trois pays nordiques, au contraire, la corrélation entre milieu social et résultats scolaires a très nettement diminué, principalement au sein de la cohorte la plus jeune – la première à avoir bénéficié d'une prise en charge quasi universelle. Le profil scolaire des enfants de parents très peu qualifiés est peut-être encore plus révélateur. À l'instar de celle de Gregg, Harkness et Machin[1], mon estimation porte sur la capacité *nette* à parvenir au niveau lycée, abstraction faite des différentes aptitudes cognitives des enfants (mesurées grâce aux notes obtenues à différents tests). Ce qui signifie que je m'approche davantage de l'incidence « réelle » de l'héritage social. Les résultats sont aussi ajustés pour tenir compte du sexe et du statut d'immigré.

Les conclusions de mes analyses sont très éloquentes. D'une cohorte à l'autre, l'égalisation des chances a été significative, surtout en Norvège et au Danemark. Ainsi, dans la cohorte la plus jeune (née au milieu des années 1970), un enfant danois (né de parents peu qualifiés) a deux fois plus de chances d'aller jusqu'au lycée qu'un enfant issu de la cohorte la plus ancienne, et quatre fois plus que son homologue américain ou allemand. Ces résultats ne nous disent naturellement pas si cette égalisation est due à la prise en charge des enfants, à la redistribution du revenu ou – hypothèse plus probable – à une combinaison des deux. Malheureusement, les données IALS ne fournissent aucune information sur le revenu. Mais la coïncidence temporelle est très suggestive.

Les données PISA fournissent des informations supplémentaires qui vont dans le même sens. Elles permettent de savoir si la prise en charge collective des jeunes enfants a un effet quelconque sur les résultats obtenus par les enfants à un test cognitif

1. *Child Development and Family Income*, *op. cit.*

passé à l'âge de 15 ans. Dans la plupart des pays, avoir fréquenté un établissement préscolaire type crèche dès le plus jeune âge est associé à une amélioration importante des notes obtenues. Ainsi, au Danemark, cela entraîne une augmentation des notes de 40 points (soit 10 %)[1]. En outre, la fréquentation d'une structure préscolaire diminue l'influence des origines socio-économiques, le « capital culturel » des parents, l'origine immigrée ou le faible niveau de qualification de la mère.

Si la prise en charge collective des jeunes enfants était de nature à compenser les inégalités de capital culturel, on pourrait s'attendre à ce que ces dernières jouent systématiquement un rôle moins décisif dans les pays nordiques, selon le raisonnement suivant : l'accès à des établissements de qualité systématiquement uniforme devrait contribuer à compenser le manque de stimulation dont souffrent les enfants de familles peu qualifiées et peu cultivées. Et c'est en effet ce que l'on constate en recourant de nouveau aux données PISA. L'influence du « capital culturel » (et de la situation socio-économique) des parents est systématiquement plus faible dans les pays scandinaves.

L'accès des enfants aux crèches et à des établissements préscolaires de grande qualité pourrait donc faire partie d'une politique véritablement efficace en faveur de l'égalité des chances. Dans la mesure où l'accès à la garde d'enfants conditionne également l'emploi des mères – lui-même porteur d'effets de revenu positifs –, des mesures favorisant la prise en charge des enfants fourniraient un parfait exemple de politique gagnant-gagnant. Examinons donc cet enchaînement de plus près.

1. Au Royaume-Uni ou aux États-Unis, la fréquentation d'un établissement préscolaire ne produit en revanche aucun effet statistiquement significatif, soit parce que la qualité de la prise en charge des enfants y est plus variable, soit en raison de phénomènes de sélection qui biaisent l'accès aux meilleures structures en faveur des enfants déjà bien dotés.

Emploi des mères et résultats des enfants

Le revenu supplémentaire produit par l'emploi des mères pourrait être contrebalancé par d'éventuels effets indésirables en termes d'éducation. Si l'on prend au sérieux la thèse selon laquelle il peut être mauvais pour l'enfant d'être gardé à l'extérieur au cours de sa première année, il faut faire en sorte que, une fois additionnés, congés de maternité et congés parentaux *rémunérés* durent près d'un an. Si de nombreux pays européens, dont la France, n'accordent que 4 mois environ, les pays nordiques sont bien plus généreux[1]. Le tableau 4 fournit une vue d'ensemble.

Tableau 4. L'AIDE PUBLIQUE AUX FAMILLES ET AUX MÈRES ACTIVES (VERS 2004)

	Durée du congé rémunéré (en mois)*	Dépense publique consacrée à l'EPJE** (0-6 ans) (en % du PIB)	Montant des prestations pour les familles avec enfants (en % du PIB)
Danemark	11	2.0	1.5
France	4	1.0	1.5
Allemagne	4	0.5	1.1
Pays-Bas	4	0.5	0.7
Italie	5	0.4	0.6
Suède	16	1.7	1.8
Royaume-Uni	4	0.5	1.9
États-Unis	0	0.5	0.1

* congés assurant des taux de remplacement supérieurs à 50 % du revenu
** EPJE = éducation et prise en charge des jeunes enfants
Source : Starting Strong II. Early Childhood Education and Care, Paris, OCDE, 2006, tableau 1.1 et annexe C

1. Par « congé rémunéré », on entend un congé au cours duquel on perçoit plus de 50% de son revenu – critère important, car, dans le cas où le taux de

Les congés très courts ont tendance à poser un double problème. D'une part, ils peuvent pousser les mères à reprendre très vite le travail. Ainsi, 60 % des jeunes mères hollandaises reprennent le travail avant que leur enfant ait 6 mois (aux Pays-Bas, le congé de maternité ne dure que 4 mois), alors que la grande majorité des mères danoises attendent 10 à 14 mois[1]. Mais des congés trop brefs peuvent aussi entraîner une sortie de l'emploi. Environ 25 % des mères hollandaises disparaissent purement et simplement du marché du travail, alors que, au Danemark, le pourcentage est négligeable[2]. D'après des recherches portant sur les conséquences que les interruptions de carrière de la « femme médiane » font peser sur son revenu à l'échelle d'une vie, la norme danoise – un an d'interruption – n'est associée à aucun coût d'opportunité significatif – à condition de travailler sans interruption jusqu'à 60 ans –, alors que les Allemandes, qui s'arrêtent en général 5 ou 6 ans, le payent de presque 50 % de leur revenu à l'échelle d'une vie[3].

Un congé parental d'un an représente un coût global significatif. Si l'on prend pour modèle le Danemark, il équivaut à

remplacement serait inférieur, le coût d'opportunité des congés prolongés serait très élevé pour la plupart des mères. Si l'on prenait en considération les congés sans solde autorisés et les politiques assurant un revenu de remplacement sensiblement inférieur, de nombreux pays (dont les États-Unis) sembleraient plus généreux, voire, pour certains d'entre eux, extrêmement généreux. Par exemple, en France, le congé parental peut aller jusqu'à 36 mois, mais les taux de remplacement sont faibles. Pour une vue d'ensemble, se reporter à *Starting Strong II. Early Childhood Education and Care*, Paris, OCDE, 2006, tableau 1.1.

1. M. Simonsen, « Provision and costs of high quality day care and female employment », article inédit, département d'économie, université d'Aarhus, avril 2005.

2. S. Gustafsson et E. Kenjoh, « New evidence on work among new mothers », *Transfer. European Review of Labour and Research*, 10, 2004, p. 34-47.

3. W. Sigle-Rushton, J. Waldfogel, « Family gaps in income : a cross national comparison », *Maxwell School of Citizenship and Public Affairs Working Paper*, 382, 2004 ; G. Esping-Andersen, « Sociological explanations of changing income distributions », *American Behavioral Scientist*, 50 (5), 2007, p. 639-657.

0,6 % du PIB. Mais ce coût doit être rapporté aux bénéfices concomitants. D'après les calculs de Ruhm[1], les congés parentaux rémunérés entraînent une hausse de 3 ou 4 % des taux d'emploi féminin et les salaires perçus après le congé sont plus élevés. Le coût des congés plus longs est donc en partie compensé par la suite grâce à une hausse des revenus professionnels, donc des prélèvements fiscaux. Ce coût doit aussi être évalué au regard du bénéfice que représente la présence parentale en début de vie. Nous l'avons vu, l'emploi de la mère au cours de la première année peut nuire à la santé et au développement cognitif de l'enfant. Ces effets négatifs seraient particulièrement prononcés chez les familles à faible revenu[2].

Au-delà du problème de la première année, le principal obstacle à l'emploi des mères réside dans l'accès à la garde d'enfants. Le coût de celle-ci peut en principe être interprété comme un impôt prélevé sur l'offre de travail des mères. Il devient un *impôt régressif* si les frais du mode de garde sont indépendants des revenus de la mère (ou du ménage). Si on veut stimuler l'emploi des mères tout en garantissant l'équité, il faut mettre en place une politique de subventionnement qui permette d'adapter les frais aux revenus. Beaucoup de pays ont coutume de recourir aux déductions d'impôt, mais celles-ci ne permettent guère d'éliminer l'effet régressif, ne serait-ce que parce qu'elles concernent peu les familles à faible revenu.

La fréquentation de l'école maternelle (à partir de 3 ans) est quasi universelle dans de nombreux pays – dont la France –, et l'on considère souvent qu'elle fait partie intégrante du système éducatif (donc qu'elle doit être gratuite). Le problème clé est celui des moins de 3 ans. Dans une grande partie de l'Europe, là

---

1. C. Ruhm, « The economic consequences of parental leave mandates », *Quarterly Journal of Economics,* 113, 1998, n° 1, p. 285-317.

2. J. Waldfogel, W. Han, J. Brooks-Gunn, « The effects of early maternal employment on child cognitive development », *Demography*, 39, p. 369-392.

où le financement public est marginal et où les modes de garde privés, lorsqu'ils sont de bonne qualité, sont inaccessibles à la plupart des familles, la solution classique est familiale – on appelle la grand-mère. Cette éventualité sera bientôt obsolète, car la réserve de membres de la famille susceptibles de s'occuper de l'enfant se tarit rapidement. Les marchés privés peuvent prospérer, comme aux États-Unis, grâce à des prix élevés et à de grands écarts qualitatifs ; mais, dans la plupart des pays de l'Union européenne, le marché purement privé de la garde d'enfants de bonne qualité est très limité, étant donné le niveau élevé des coûts. Faire garder un enfant à plein temps toute l'année coûte en général 5 000 à 9 000 euros. Les pays nordiques et, dans une moindre mesure, la Belgique et la France subventionnent la prise en charge des moins de 3 ans. Mais du fait de conceptions différentes, leurs résultats divergent beaucoup. Un enfant coûte à un couple français standard dont les deux membres gagnent leur vie, près de 25 % de ses revenus, contre 10 % seulement au Danemark. Ce qui contribue certainement à expliquer que les enfants danois âgés d'un an soient deux fois plus nombreux que les petits Français à fréquenter un mode de garde collectif.

L'incidence potentielle de la prise en charge des jeunes enfants sur l'apprentissage a elle aussi tendance à varier. En France, environ 40 % des moins de 3 ans sont pris en charge, dont un tiers seulement fréquente un établissement, les autres étant confiés à des particuliers[1]. L'approche nordique (surtout danoise) repose au contraire sur une prise en charge collective de très bonne qualité à laquelle tous les enfants sont assurés d'avoir accès. Elle suppose, sans surprise, de lourdes subventions : la contribution des parents, qui ne couvre que 33 % du coût, est réduite à zéro pour les parents à faible revenu. Les dépenses publiques requises sont donc importantes, comme le montre le

1. Voir Conseil d'analyse stratégique, *Rapport sur le service public à la petite enfance*, février 2007.

tableau 2. Ainsi, le Danemark consacre 2 % de son PIB à l'ensemble des établissements préscolaires, dont un peu moins de la moitié pour l'accueil des moins de 3 ans.

Afin de juger de la légitimité de ces dépenses, étudions deux analyses coût-bénéfices distinctes : quelles sont les conséquences de la prise en charge collective des enfants sur l'emploi et les revenus des femmes, d'une part, et sur les résultats des enfants, d'autre part ? En ce qui concerne la première question, nous savons avec certitude que l'accessibilité des modes de garde entraîne une hausse du niveau d'emploi des mères. Une étude danoise montre ainsi qu'une diminution de 100 euros du coût de prise en charge d'un enfant fait augmenter le taux d'emploi de 0,8 % [1]. La prise en charge collective des enfants permettant aux mères de reprendre plus vite le travail, la sanction de la maternité en termes de revenu à l'échelle d'une vie est substantiellement allégée. En fait, ce gain de revenu sur toute une vie et l'augmentation subséquente des impôts versés à l'État vont, au fond, rembourser peu à peu l'aide publique initiale.

Le fait que les dépenses allouées à la garde d'enfants sont concrètement remboursées grâce à l'augmentation des revenus de la mère tout au long de sa vie rend, d'une certaine manière, inutile le calcul des coûts et bénéfices du point de vue des effets sur l'enfant. Tout effet positif supplémentaire sur l'apprentissage ou sur le comportement vient en quelque sorte en prime. En ce sens, l'exercice d'évaluation consiste simplement à étudier les effets supplémentaires sur l'apprentissage obtenus par une amélioration de la qualité du système (nombre d'élèves pour un professeur, contenu pédagogique) ou par l'existence d'un programme destiné aux enfants dans le besoin (les enfants d'immigrés, par exemple). Bonne nouvelle : les très bons programmes destinés aux jeunes enfants entraînent des retours potentiellement considérables. Les

1. M. Simonsen, « Provision and costs of high quality day care and female employment », *op. cit.*

calculs de Carneiro et Heckman, selon lesquels chaque dollar dépensé entraînerait un retour de 5,60 dollars, sont peut-être même trop prudents : des estimations plus récentes évoquent un retour supérieur à 12 dollars. Mais ces estimations portent sur des enfants défavorisés dont nous savons déjà qu'ils tireront de ces programmes des bénéfices plus que proportionnels.

Faut-il par conséquent privilégier une politique ciblée plutôt qu'une politique universelle à la danoise ? Si l'objectif principal est de permettre à tous de faire jeu égal, c'est sans doute la première solution qui présenterait le meilleur rapport coût-efficacité. Le choix d'une politique ciblée dépend d'abord de la valeur que l'on accorde à l'équité au sens le plus large du terme. Destiner certains services aux enfants les plus défavorisés peut, comme le montre l'expérience américaine, réduire l'écart de résultat entre ceux qui sont tout en bas de l'échelle et les autres, mais, si la définition de la cible n'est pas assez large, cela n'homogénéisera pas les chances. Aux États-Unis, le programme américain Head Start, bien loin d'atteindre la totalité de la population à risque, ne concerne qu'environ 7 % des enfants de 3 ans (rappelons que la pauvreté infantile dépasse les 20 % et que le pourcentage des élèves dont les résultats sont inférieurs au minimum de PISA s'élève à 18 %). Les 93 % restants bénéficieront de solutions de garde qui reflètent dans une large mesure le pouvoir d'achat des parents. Les immenses inégalités en matière de garde des jeunes enfants aux États-Unis sont bien documentées[1].

De manière plus générale, toute politique ciblée se heurte à un dilemme : comment s'assurer qu'elle touche ceux qui en ont besoin ? De ce point de vue, il est intéressant de comparer l'approche américaine avec le Sure Start britannique. Alors que la première consiste à cibler les familles à problèmes, le second cible les communautés à haut risque. Aucune de ces deux méthodes ne

1. D. Blau, *The Child Care Problem – an Economic Analysis*, New York, Russell Sage, 2001.

satisfait à coup sûr les besoins : l'identification des familles à problèmes n'est aisée que si les problèmes sont visibles ; et, dans le cas du Sure Start, il est loin d'être certain que tous ceux qui sont dans le besoin vivent dans des communautés à haut risque. Ce qui fait véritablement obstacle à un ciblage efficace, c'est le nombre de mécanismes qui entraînent des résultats indésirables chez les enfants, qui ne tiennent pas tous au revenu des familles, mais aussi notamment à leurs pratiques éducatives. Si le premier est facile à identifier, ce n'est assurément pas le cas des secondes.

Le choix d'une couverture universelle a le grand avantage de garantir que tous les enfants, abstraction faite de leurs origines, bénéficient du même (haut) niveau d'exigence. Et tant mieux si le système contribue à mêler des enfants d'horizons différents. Selon des évaluations américaines, les enfants défavorisés tirent un très grand profit du mélange avec des enfants plus forts. Mais le modèle universel et systématique de type nordique a un défaut manifeste : les enfants les plus défavorisés peuvent avoir besoin d'encore plus de ressources et d'attention. Le faible taux de participation des enfants de familles immigrées en fournit un exemple. On pourrait par conséquent compléter l'approche universelle en faisant appel à une forme de discrimination positive, incluant éventuellement des mesures incitatives spécifiques destinées à des groupes ciblés.

Conclusion : aider les familles à investir dans leurs enfants

Au cours des cinquante dernières années, les investissements en capital humain sont allés presque exclusivement à l'enseignement primaire, secondaire et supérieur. Ce n'est que tout récemment que l'on a compris que les bases de l'apprentissage – ainsi que l'origine principale des inégalités – remontaient à la période préscolaire, et que les écoles ne sont généralement pas assez armées pour permettre à l'enfant de rattraper un mauvais départ. Du point de vue de la politique à mettre en œuvre, le modèle selon lequel « l'apprentissage engendre l'apprentissage » permet de progresser en déterminant les taux relatifs de retour sur les investissements en qualification au cours des premières années de vie de l'enfant. Il est désormais établi que c'est au cours de la période préscolaire (0 à 6 ans) que les retours sur investissement sont les plus élevés, pour décliner de manière exponentielle par la suite. Le modèle permet également de soutenir une politique d'égalisation des chances, puisque les retours sont particulièrement élevés chez les enfants défavorisés.

Tout cela doit nous inciter à réévaluer les politiques d'investissement dans le capital humain. D'une part, en effet, les dépenses que *tous* les pays développés consacrent à l'enseignement prennent exactement le contre-pied de ce qu'il faudrait faire d'après le modèle « l'apprentissage engendre l'apprentissage ». Ainsi, la dépense par élève augmente régulièrement de la formation préscolaire à l'enseignement supérieur[1], et nous dépensons en moyenne deux fois plus pour l'enseignement supérieur que pour la période préscolaire. En outre, dans la plupart des pays, les dépenses préscolaires vont essentiellement aux 3-6 ans. À l'exception des pays nordiques et, de manière moins prononcée, de la Belgique et de la France, l'investissement dans les moins de 3 ans est vraiment marginal.

Les politiques visant à augmenter et homogénéiser notre réservoir de capital humain permettent de concilier deux préoccupations : l'égalité des chances et la productivité future. Dans de nombreux pays, la proportion de jeunes qui sortent du système

1. Voir les bases de données sur l'enseignement de l'OCDE pour le détail des dépenses allouées à chaque élève. Pour l'enseignement supérieur, il faudrait mettre à part l'investissement dans la recherche et le développement. Naturellement, certains besoins (laboratoires de chimie, bibliothèques, etc.) y exigent inévitablement des dépenses plus lourdes.

insuffisamment qualifiés – qu'il s'agisse de l'absence de diplômes ou de faibles capacités cognitives et non cognitives – est considérable. Il y a tout lieu de s'en alarmer, d'autant que les exigences en la matière ne cessent de s'élever. Les différences entre pays ne pouvant être imputées à la génétique, le rôle des politiques adoptées et celui des institutions sont évidemment essentiels.

Partant du principe que les mécanismes clés opèrent durant la toute petite enfance et se concentrent surtout au sein de la famille, cherchons à déterminer la manière dont la politique à mettre en place pourrait aider les familles à donner à leurs enfants les meilleures chances possibles dans la vie. La persistance de puissants mécanismes d'héritage social (par opposition à l'héritage biologique) constitue un problème de fond. La théorie classique a insisté sur l'importance du niveau de revenu, et de la pauvreté en particulier, pour expliquer les différences de réussite scolaire et, plus généralement, de l'inégalité des chances. Mais les chercheurs en sciences sociales et les hommes politiques ont été bien moins attentifs au rôle des facteurs non économiques dans la transmission des désavantages d'une génération à la génération suivante. Même si la recherche n'apporte pas beaucoup de certitudes en la matière, nous avons des raisons de penser que ces mécanismes sont peut-être aussi importants, voire plus, que le revenu. Dans une certaine mesure, les deux coïncident : mères adolescentes, immigrés, parents peu qualifiés sont aussi plus exposés à la pauvreté. Mais, dans la mesure où ces deux dimensions sont presque certainement distinctes, une stratégie qui ne se fonde que sur la redistribution du revenu risque de ne pas porter tous ses fruits.

Nous avons des raisons de préférer une politique qui agirait sur les deux fronts, et qui serait intéressante à la fois en termes de rapport coût-efficacité et parce qu'elle pourrait faire prendre à tous les enfants le même départ. En un mot, la stratégie se résume à une politique d'aide publique à la prise en charge des jeunes enfants. Il est évident qu'il faut organiser une redistribution vers les familles avec enfants, et il y a donc peu à ajouter sur ce point, sinon pour insister sur le fait que l'emploi des mères en allégerait considérablement la charge. Il existe de nombreuses raisons pour lesquelles le taux d'activité des femmes très peu qualifiées est faible, et le fait de ne pouvoir accéder à un mode de garde abordable n'en est qu'une. Mais, si elle s'accompagne d'une indemnisation convenable du congé de maternité et d'une imposition individuelle et neutre des revenus de chacun au sein du ménage, une politique d'aide à la prise en charge des enfants pourrait entraîner une hausse non négligeable de l'emploi. Une telle hausse présente un double avantage, en contribuant à la fois à réduire la pauvreté et en permettant une meilleure stimulation de l'enfant, à condition que le mode de garde hors du domicile soit de bonne qualité. En outre, à supposer même qu'une prise en charge de bonne qualité n'ait que peu d'effet sur les résultats des enfants, elle présente potentiellement un rapport coût-efficacité intéressant, dans la mesure où la hausse de l'emploi féminin, et celle des revenus à l'échelle d'une vie, élargit la base des recettes fiscales.

Même si l'on s'accordait sur l'importance du « capital culturel » familial, il serait difficile de concevoir une politique qui permette de corriger les différences de qualité et de temps passé avec l'enfant entre parents. J'ai tenté de synthétiser ce que nous savons à propos de l'apprentissage au cours de la petite enfance : tout d'abord, faire garder l'enfant hors du domicile pendant la première année peut nuire à son développement futur ; ensuite, si la prise en charge à l'extérieur est de bonne qualité, ses effets sur les résultats scolaires des enfants sont manifestement positifs, surtout pour les enfants les moins privilégiés. Mieux, ces effets positifs persistent après l'école et durant la vie adulte.

La manière dont les parents investissent dans leurs enfants se caractérise aujourd'hui par des asymétries sociales de plus en plus prononcées. Les parents les plus qualifiés consacrent davantage de temps et d'efforts à leurs enfants, et l'écart se creuse. Cet écart est essentiellement dû au temps que les pères consacrent à leurs enfants, lui-même lié au pouvoir relatif de négociation des épouses. Une politique qui renforcerait celui-ci, par des transferts de revenu et/ou en soutenant l'emploi féminin, devrait donc contribuer à réduire ces différences sociales.

Au total, une politique associant des congés parentaux rémunérés au cours de la première année de l'enfant et des structures de prise en charge à la fois abordables et de très haute qualité devrait permettre d'homogénéiser sensiblement le degré de préparation des enfants à l'école. Mais comment organiser cette politique ? Cette question nous expose à un sérieux dilemme : sachant que les retours sont extraordinairement élevés pour les enfants les plus défavorisés, un simple calcul des coûts et bénéfices plaiderait en faveur d'une approche ciblée sur les plus démunis. Pourquoi, dès lors, recommander un modèle universel de prise en charge collective accessible à tous ?

Tout d'abord, ne perdons pas de vue les deux fonctions implicites de la garde d'enfants : soutenir l'emploi des mères et socialiser les enfants. En imposant, en lieu et place de la structure de coût qui prévaut ailleurs, une contribution importante mais non prohibitive, qui augmente avec le revenu, la politique danoise réalise manifestement les objectifs d'efficacité (la couverture est universelle) et d'équité. Ce mode de financement très subventionné y compris pour les plus riches peut apparaître inutile et coûteux, mais les décideurs danois considèrent que c'est le prix collectif à payer pour une large inclusion sociale au sein d'un même système global (et le soutien électoral à ce système). Il y a ici un autre enjeu d'équité. Si le fait d'avoir des enfants entraîne d'importantes externalités positives pour la société, il est alors manifestement justifié de faire bénéficier *tous* les parents de la redistribution, plutôt que d'opérer un transfert de certains parents vers d'autres.

Ce qui nous amène à un deuxième argument classique en faveur de l'universalisme : pour que le financement soit suffisamment élevé pour garantir des services de qualité, il semble essentiel que la politique fasse l'objet d'un vaste consensus. Troisième élément important à prendre en considération : le niveau élevé des coûts de transaction et la difficulté à identifier les besoins. S'il est assez facile de cibler les familles à faible revenu, n'oublions pas que les déficits d'apprentissage sont aussi fortement liés à la « culture » familiale, dimension qu'aucune administration publique n'est pour ainsi dire à même de repérer.

Au bout du compte, le choix d'une approche ciblée ou non dépendra en grande partie de nos aspirations en matière d'homogénéisation des qualifications. Si l'on se contente d'une politique de la « voiture-balai » visant un rattrapage limité pour les plus désavantagés (ainsi pourrait-on décrire la politique américaine en la matière), on a davantage intérêt à choisir le ciblage que si l'on poursuit un but plus général de minimisation globale de l'impact des inégalités (autres que biologiques) sur les chances des enfants. L'inconvénient manifeste de l'approche universelle est qu'elle risque d'échouer à rattraper tous ceux qui sont les plus en arrière. Dans la mesure où il faut sans doute consentir un effort supplémentaire en faveur des enfants véritablement défavorisés, la visée universelle devrait être associée à une forme de « discrimination positive ». Et, en définitive, une politique ciblée et limitée de prise en charge des enfants pourrait sembler directement contre-productive étant donné la préférence de plus en plus marquée de la plupart des femmes pour des carrières ininterrompues et pour l'autonomie économique.

Reste à résoudre une question délicate : comment atteindre ceux qu'il est le plus difficile de mobiliser mais qui, très vraisemblablement, tireraient les plus grands bénéfices de cette politique ? Les politiques de discrimination positive, qui, aux États-Unis, se fondent sur une tradition ancienne – parfois fructueuse –, risquent d'être considérées par les hommes politiques européens comme une importation étrangère. La discrimination positive a dans une large mesure servi à surmonter discrimination, ségrégation et inégalités raciales et ethniques. Si, jusqu'à un passé récent, elle ne présentait aucune espèce d'urgence dans la plupart des pays de l'Union européenne, c'est désormais de plus en plus le cas – ne serait-ce qu'à la lumière des disparités manifestes de formation et de qualification dont souffrent un grand nombre d'immigrés.

Notre réflexion peut s'appuyer sur des expériences étrangères réussies. S'inspirant de la politique américaine, les pouvoirs publics danois ont, semble-t-il avec succès, combattu la ségrégation des immigrés en matière d'école et de garde d'enfants grâce à un ramassage scolaire permettant aux enfants d'immigrés de fréquenter les écoles des autres quartiers. On pourrait aussi prendre exemple sur l'ancien gouvernement Cardoso, qui a créé à destination des parents brésiliens des mesures d'incitation monétaire permettant de garantir et de vérifier que leurs enfants venaient bien en classe. Certes, malgré la gratuité, les parents immigrés répugnent souvent à envoyer leurs enfants à l'école quand elle n'est pas obligatoire, ce qui pénalise leur apprentissage de la langue et leur préparation à l'école ; mais, étant donné l'importance des retours sur investissement de chaque euro supplémentaire dépensé pour des familles immigrées souvent pauvres, des mesures d'incitation financière devraient parvenir à encourager les inscriptions dans les services de prise en charge collective des enfants.

La meilleure manière de conclure est sans doute de lancer un appel à nos élus pour qu'ils considèrent comment, en Europe, nous pourrions mettre en œuvre des mesures de discrimination positive là où les besoins s'en font sentir.

TROISIÈME LEÇON

Vieillissement et équité

Introduction

Au cours des cinquante dernières années, on a dit et répété, avec une régularité stupéfiante, que l'État-providence était en crise et que le mal était sans remède. Dans les années 1950, de nombreux économistes s'alarmaient de son expansion rapide, dont ils craignaient qu'elle ne nuise à l'économie. À en juger par les deux décennies qui suivirent, caractérisées par une croissance sans précédent, le diagnostic était erroné. Dix ans plus tard, c'est la gauche qui tirait la sonnette d'alarme : l'État-providence avait totalement échoué, puisqu'il n'en avait pas fait assez pour éliminer la pauvreté. Mais, une fois encore, les événements devancèrent la crise : la pauvreté connut un déclin notable au cours des années 1960 et 1970, essentiellement parce que les réformes des retraites permirent d'apporter un soutien bien plus généreux au revenu des personnes âgées retraitées. Dans les années 1980, toutefois, une nouvelle crise se fit jour, qui fut même officiellement déclarée internationale par l'OCDE lors d'une conférence très médiatisée intitulée *L'État-providence en crise*. Une fois de plus, économistes et néolibéraux accusaient l'État-providence, considéré comme la cause profonde de la forte inflation et de la stagnation économique. Encore un diagnostic peu crédible : depuis lors, nos économies ont connu une croissance supérieure à 25 % et l'inflation a disparu.

Vingt ans ont passé ; nous sommes aujourd'hui confrontés à une nouvelle crise de l'État-providence, provoquée cette fois par les changements démographiques. D'après les projections, le vieillissement de la population devrait entraîner un surplus de dépenses sociales auquel l'État-providence ne pourra pas survivre. En outre, beaucoup craignent que le vieillissement ne provoque un conflit de générations insoluble, dont les personnes âgées, en nombre croissant, sortiront certainement victorieuses.

Le défi du vieillissement

Peu de bébés, des vies longues : telle est, en quelques mots, l'origine du vieillissement de la population. Une fécondité basse entraîne l'augmentation de la proportion des personnes âgées dans la population ; et la longévité implique que les vieux deviennent très vieux. La fécondité basse étant le « premier moteur », le vieillissement va de pair avec le déclin de la population. Et, si ce déclin est rapide, il devrait se traduire par une baisse de la demande agrégée et de la productivité.

Si l'ampleur du phénomène peut être véritablement dramatique, c'est que des différences apparemment minimes entraînent des conséquences considérables à long terme. Un taux de fécondité stabilisé en dessous de 1,3 enfant par femme – celui de l'Europe du Sud – amputera une population aux trois quarts d'ici la fin du siècle. Selon ce scénario, la population italienne serait réduite à 12 millions d'habitants. En France, la fécondité est proche de 2, ce qui en fait la plus élevée d'Europe. Si le pays parvient à maintenir ce niveau, sa population n'aura diminué que de 15 % à la fin du siècle. Quant à l'Europe dans son ensemble, elle semble avoir stabilisé son taux de fécondité à 1,5, ce qui aura sur notre économie des conséquences que des pronostics assez fiables nous permettent déjà de mesurer. Ainsi, selon les estimations des économistes de l'OCDE et de l'ECOFIN, l'économie de l'Union européenne verra sa croissance réduite de 0,7 % par an, voire davantage, du seul fait de ces conditions démographiques défavorables.

Le vieillissement nous expose également à une autre menace imminente : celle d'un choc des générations. En effet, l'électeur moyen étant plus vieux, l'électorat sera de plus en plus biaisé en faveur des intérêts des retraités. De fait, l'électeur européen moyen approche déjà de la cinquantaine. Si l'on ajoute que les citoyens plus âgés ont davantage de chances d'avoir une activité politique et que les futures cohortes de jeunes sont – du fait de la fécondité basse – plutôt réduites, on comprend que le paysage politique soit nettement favorable au lobby des personnes âgées. Ce qui pourrait avoir pour résultat un scénario à somme nulle : générosité envers les vieux, sous-investissement au détriment des enfants, des écoles et des familles.

C'est dans ce contexte que la réforme des retraites est devenue l'enjeu d'un débat politique majeur. Dans presque tous les pays, les mêmes protagonistes défendent pour l'essentiel des solutions identiques : les néolibéraux plaident pour la privatisation tandis que les syndicats et les lobbies de retraités insistent sur la préservation du *statu quo* à tout prix. Autant de positions qui ne sont ni réalistes ni équitables. La démographie nous alerte sur la nécessité d'entreprendre des réformes majeures et relativement urgentes – y compris dans les pays où le vieillissement est plus lent, comme la France. Et le bon sens nous dit que, pour être légitimes, les réformes envisagées doivent être prioritairement fondées sur des principes de justice. Afin d'être socialement justes, les réformes doivent d'abord répartir équitablement le coût du vieillissement entre jeunes et vieux ; cela ne suscite guère de controverses. Mais la question de la justice devient beaucoup plus épineuse dès lors que l'on prend en compte le fait que « la mort n'est pas démocratique » : les riches vivent plus longtemps que les pauvres, ce qui occasionne d'immenses inégalités *entre* retraités d'une même génération.

En lui-même, le vieillissement ne peut guère être considéré comme une nouveauté historique : au cours du siècle dernier, nos sociétés n'ont cessé de vieillir. Mais trois caractéristiques distinctes sont propres à notre époque. Tout d'abord, le processus s'accélère rapidement. Dans les pays développés, la population âgée aura en moyenne doublé d'ici cinquante ans. En France, elle a augmenté de 3 millions en quarante ans, entre 1950 et 1990 ; et, au cours des quarante prochaines années, elle augmentera encore de 5 millions. Le processus culminera vers 2040, lorsque les derniers baby-boomers auront disparu. Presque un quart des Français auront alors plus de 60 ans.

Deuxième élément nouveau : nous sommes désormais en très bonne santé, ce qui se traduit par une forte hausse de l'espérance de vie. Depuis les années 1960, nous avons gagné plus de 10 ans de vie. Aujourd'hui, le retraité moyen peut espérer vivre jusqu'à 80 ans pour un homme et 85 ans pour une femme. Ainsi, non seulement il y aura plus de retraités, mais ils toucheront plus longtemps leurs retraites. La proportion de personnes du « quatrième âge » (80 ans et plus), qui double, en gros, tous les vingt ans, représentera 7 % de l'ensemble de la population française d'ici cinquante ans. Or c'est à cet âge que la fragilité et la dépendance s'accentuent, ce qui nous expose à une très forte hausse de la demande de soins aux personnes âgées.

Troisième nouveauté historique : la vieillesse coïncide avec la *retraite*. L'idée que nous prendrons tous notre retraite, fermement enracinée dans nos représentations sociales, est en réalité d'invention récente. Autrefois, la plupart de ceux qui travaillaient ne pouvaient décider de prendre leur retraite, essentiellement parce que les retraites (quand elles existaient) étaient maigres. S'ils s'arrêtaient de travailler, c'était en général parce qu'ils ne pouvaient plus le faire ou parce qu'ils avaient été licenciés[1]. Voilà pourquoi, jusque dans les années 1960, le « grand âge » était quasiment synonyme de pauvreté. Tout cela a changé au cours des vingt-cinq dernières années. Les revenus des personnes âgées ont augmenté, l'âge de la retraite a baissé, et l'éradication totale de la pauvreté chez les personnes âgées est une perspective tout à fait réaliste dans la plupart des pays développés.

Les dépenses consacrées aux personnes âgées ne pourront que monter en flèche dans un contexte de vieillissement accéléré, de retraites généreuses et de départs précoces. Si nous refusons que le bien-être des retraités à venir soit inférieur à celui des retraités actuels, il faudra augmenter l'ensemble des dépenses de retraites d'environ 50 %. Et n'oublions pas que les cohortes d'actifs sur lesquelles viendra peser cette charge supplémentaire seront réduites.

Outre l'augmentation du poids des retraites, nous devons également nous préparer à une hausse de la demande de soins aux personnes âgées dépendantes, non seulement parce que le nombre de personnes du quatrième âge est en augmentation rapide, mais aussi parce que la réserve traditionnelle de soignants informels issus de la

1. On trouve d'excellentes mises au point sur la naissance de la retraite dans M. Kohli, A. Guillemard, H. van Gunstern, M. Rein, *Time for Retirement*, Cambridge, Cambridge University Press, 1991 ; B. Palier, *Gouverner la Sécurité sociale*, Paris, PUF, 2005 ; et Anne-Marie Guillemard, *L'Âge de l'emploi. Les sociétés à l'épreuve du vieillissement*, Paris, Armand Colin, 2003. D'après les recherches que la Sécurité sociale américaine [*Social Security Administration*] a consacrées dans les années 1950 aux nouveaux retraités, si ces derniers avaient « pris leur retraite », c'était en grande majorité – dans 90% des cas – parce qu'ils avaient été licenciés par leur dernier employeur ou en raison de problèmes de santé. Moins de 5% déclaraient avoir pris leur retraite de leur plein gré ou pour avoir plus de loisirs. Dans les années 1980, seuls 35% des départs en retraite étaient dus à un licenciement ou à un problème de santé, la majorité des retraités déclarant avoir volontairement cessé de travailler (G. Burtless, J. Quinn, « Retirement trends and policies to encourage work among older Americans », *in* Peter Budetti, Richard Burkhauser, Janice Gregory, H. Allan Hunt (dir.), *Ensuring Health and Income Security for an Aging Workforce*, Kalamazoo, MI, Upjohn Institute, 2001, p. 384).

famille est en train de disparaître. En règle générale, les personnes âgées consomment environ 3,2 fois plus de soins de santé que les autres, et jusqu'à 4,1 fois plus pour les plus de 75 ans. Si l'on se réfère à la situation suédoise ou danoise, couvrir totalement les frais de prise en charge des personnes âgées dépendantes coûterait environ 3 % du PIB. Du seul fait de l'évolution démographique, ce coût devrait dépasser 6 % vers 2030-2040, si le coût et le niveau de la dépendance restent constants. Or le niveau relatif des prix des services de prise en charge augmentera nécessairement en raison du retard de productivité dont souffrent les services aux personnes ; quant à la dépendance, étant donné l'amélioration de l'état de santé des personnes âgées, elle devrait pouvoir être réduite[1].

Au total, nous devons nous attendre à ce que la hausse des dépenses destinées aux personnes âgées atteigne environ 10 % du PIB au cours des décennies à venir. Comment faire face à cette hausse considérable tout en faisant preuve d'équité ? Tel est le défi auquel nous sommes confrontés.

Régimes de protection sociale et personnes âgées

Pour les habitants des pays développés, il va désormais de soi que c'est d'abord à l'État – un véritable État « tirelire » – qu'incombe la protection sociale des personnes âgées. La France ne fait assurément pas exception. De fait, des enquêtes montrent régulièrement que les électeurs sont partout massivement favorables aux programmes publics de retraite. Mais on oublie trop facilement que le marché et la famille demeurent deux ingrédients essentiels de la protection sociale des personnes âgées.

1. S. Jacobzone, « Ageing and caring for frail elderly persons. A review of international perspectives », Labour Market and Social Policy Occasional Paper, OCDE, 1999.

Ainsi, la famille est source de services (les services de soins, par exemple), de consommation et de revenu monétaire ; le marché procure les revenus du travail, qui peuvent être transformés en pécule de retraite, et permet d'acheter services de soins et plans d'épargne retraite ou fonds de pension ; les pouvoirs publics organisent la répartition des revenus et des services entre les différentes phases de la vie et d'une famille à l'autre. La plupart des retraités bénéficient donc d'une combinaison de ces trois sources de protection sociale. Ils tirent toutefois principalement leur revenu de la redistribution par les pouvoirs publics, qui constitue partout le plus solide pilier de la protection sociale (bien que, dans certains pays, les fonds de pension privés jouent un rôle assez important).

D'un point de vue économique, les personnes âgées vivent de nos jours très bien, non seulement parce que les retraites sont généreuses, mais aussi parce que leur vie privée et professionnelle leur a permis, pour la plupart, d'accumuler des biens et de l'épargne. On peut dire que le marché du travail a fait preuve de clémence envers cette génération[1]. Au contraire, ceux qui prirent leur retraite après guerre n'avaient guère été favorisés par l'histoire : nés à la fin du XIXe siècle, devenus adultes au moment de la Première Guerre mondiale, ils ont connu l'inflation au début de leur vie professionnelle, puis la crise des années 1930 et la Seconde Guerre mondiale, ce qui explique qu'ils n'aient pu accumuler grand-chose et que la pauvreté des personnes âgées ait été aussi massive dans les années 1960.

1. La pauvreté des personnes âgées, devenue marginale, est essentiellement limitée à ceux – notamment des veuves – qui ont peu travaillé, voire pas du tout. En France, en 2005, alors que le taux de pauvreté global de la population féminine était de 6,6% (6% pour les hommes), il était de 2,8% pour les femmes de 65-75 ans (1,2% pour les hommes), et de 5,4% pour les femmes de 75 ans et plus (1,9% pur les hommes). Ces chiffres de l'INSEE se fondent sur un seuil de pauvreté à 50% du salaire médian.

Les deux visages du familialisme

En général, une personne âgée n'a plus besoin de ses enfants pour survivre. Mais cela n'implique pas automatiquement que les liens familiaux se sont relâchés, bien au contraire. Étudions plus en détail la manière dont les générations échangent de l'argent et s'occupent les unes des autres. Comme dans la première leçon de ce livre, il faut distinguer la fréquence des relations de leur intensité : on voit plus souvent une personne de sa famille quand on n'a pas besoin de s'en occuper de manière très soutenue. En ce sens, les modèles de protection sociale très familialistes pourraient, loin d'encourager la solidarité familiale, se révéler contre-productifs.

La cohabitation entre parents et enfants est l'indice d'un familialisme poussé. À une extrémité du spectre, en Italie et en Espagne, environ 30 % des personnes âgées vivent avec leurs enfants. À l'autre extrémité, au Danemark, la cohabitation entre générations a pratiquement disparu. La France se situe entre les deux, avec 18 %. On continue naturellement de s'occuper de ses parents âgés dépendants même lorsqu'on ne vit pas avec eux. Mais le soutien familial va dans les deux sens, et bien plus souvent des vieux vers les jeunes.

C'est ce que nous apprennent les recherches sur le transfert de revenu entre générations : en France, 22 % des personnes âgées donnent de l'argent aux jeunes de leur famille, alors que 1 % seulement en reçoivent de leurs enfants. Le solde net s'établit à 2 900 euros par an en faveur des jeunes. Dans de nombreux pays, c'est la famille qui prodigue le plus de soins. D'une manière générale, sur le continent européen, environ deux tiers des soins prodigués aux personnes âgées leur sont fournis par des membres de la famille. Les pays scandinaves sont un exemple unique de couverture universelle par l'État, ce qui signifie que les enfants s'occupent souvent de leurs parents, mais sans avoir besoin de leur consacrer de longues heures. En France, où le financement public est plus réduit, 12 % des personnes âgées sont pris en charge par leurs enfants, pour une durée en moyenne deux fois plus longue qu'en Scandinavie (9 heures par semaine)[1].

Étant donné la forte pression sur les coûts à laquelle nous expose le vieillissement, peut-être faudrait-il donner à l'avenir un rôle plus important au marché et aux familles. Une solution, privilégiée par beaucoup, consisterait à alléger la dépense publique en encourageant les plans épargne retraite privés et en incitant les membres de la famille (surtout les filles) à continuer de prendre soin de leurs parents âgés.

Le débat sur les retraites n'aborde la question des financements publics que sous un seul angle (celui de la diminution des recettes publiques), et nos conclusions risquent d'en être faussées. Car, si nous voulons tenir nos engagements en termes de protection sociale, reporter les coûts sur les transactions marchandes ou sur le soutien familial ne fera pas diminuer le surplus de ressources à mobiliser. En effet, à l'avenir, les personnes âgées absorberont peut-être moins d'argent public, mais elles n'absorberont pas une plus petite part du PIB.

Il peut être justifié de réduire la dépense publique si les autres solutions sont plus avantageuses et plus efficaces. Cependant, on vient de le voir, le fait de dépendre de sa famille semble bien conduire les liens familiaux à se distendre. En outre, si elles vivent plus longtemps, les personnes âgées, plus fragiles, auront besoin de plusieurs personnes pour s'occuper d'elles à plein temps. Si on les sollicite de manière aussi intense, les membres de la famille auront souvent tendance à s'y refuser, et la solidarité y perdra. Quant à ceux qui y consentiront, les besoins élevés de leurs proches obligeront généralement certains – souvent

1. Voir M. Albertini, M. Kohli, C. Vogel, « Transfers of time and money among elderly Europeans and their children », Berlin, Freie Universität, rapport n° 76 (juillet 2006).

les filles – à arrêter de travailler. Voilà pourquoi les solutions qui reposent sur la famille ont tendance à être contre-productives.

Le recours au marché a de nombreux partisans. Son importance varie selon les pays : marginale en France, l'épargne privée joue un grand rôle, sous forme d'épargne retraite entreprises ou de plans de retraite individuels, dans la plupart des pays anglo-saxons et aux Pays-Bas. Son poids devrait se renforcer, en réaction à la réduction des retraites publiques et aux nouvelles incitations fiscales qui favorisent les plans de retraite privés.

Pourtant, si la privatisation peut réduire les pressions qui s'exercent sur les finances publiques, elle n'a guère de chances de modifier les futurs coûts totaux. La part des retraités dans la consommation totale augmentera, qu'elle soit financée par les retraites publiques ou par les intérêts que procureront des actions et obligations. En fait, les solutions privées pourraient se révéler plus coûteuses dans la mesure où elles entraînent inévitablement des coûts de transaction bien plus élevés. En outre, si les plans de retraite privés permettaient, comme l'affirment leurs partisans, de produire des retours nets plus élevés, cela aurait pour effet de faire *augmenter* encore davantage les dépenses consacrées aux retraites[1]. Et la majorité des familles ne peuvent tout simplement pas payer une place en établissement spécialisé privé.

De plus, le financement privé des retraites a un inconvénient majeur : il présente de gros risques si l'on vit plus longtemps que prévu. Les plans privés calculent en effet le niveau des prestations d'après la mortalité prévue. La longévité étant manifestement en augmentation rapide – plus rapide, en fait, que ce que l'on avait escompté –, bien des retraités pourraient se retrouver sans couverture pendant une partie de leur retraite.

Le degré auquel les personnes âgées doivent faire appel à

1. L. Thompson, *Older and Wiser. The Economics of Public Pensions*, Washington DC, The Urban Institute, 1998.

leur famille ou au marché dépend du niveau des prestations publiques, et la réciproque est naturellement vraie. Mais l'un ne se substitue pas automatiquement à l'autre. Si la famille est le dernier recours quand le financement public est insuffisant et les solutions marchandes inabordables, on ne peut supposer d'emblée que les personnes âgées pourront toujours se tourner vers leur parentèle. De même, les services marchands sont sans aucun doute plus importants quand le financement public n'est pas assez généreux, mais, une fois encore, le niveau élevé du prix d'entrée les empêche de s'y substituer parfaitement. Partout, c'est l'évidence : seuls les riches peuvent sérieusement envisager de recourir aux plans de retraite privés. Les Américains le font plus que tous les autres, mais la répartition en est extrêmement biaisée. Chez les 30 % les plus riches, les retraites privées représentent plus de la moitié du revenu ; chez les 30 % les plus pauvres, elles représentent moins de 10 %. Dans tous les cas de figure, ces régimes de retraite ne prospèrent que lorsqu'ils sont subventionnés – en général *via* des déductions fiscales.

Au bout du compte, le *niveau* total des ressources qu'une société consacre aux retraites est à peu près convergent dans les pays d'égale richesse, quel que soit le partage entre public et privé. Nous l'avons vu dans la première leçon à propos de la dépense sociale nette, mais les données dont nous disposons sur les revenus des ménages retraités montrent la même chose. Le revenu disponible des retraités s'élève presque partout à 80 à 100 % de la moyenne nationale, dans un État-providence généreux (tel que la Suède) comme dans le modèle américain, plus marchand[1].

Par conséquent, même avec moins d'État et plus de marché, les *niveaux* de financement ne devraient pas beaucoup changer. La seule chose qui changera sera la provenance de l'argent.

1. Le revenu disponible relatif des retraités est de 89% en France, 88% en Suède, 95% aux États-Unis (OCDE, 2005).

Et c'est là le nœud du problème : la combinaison des fournisseurs de la protection sociale adoptée ne modifiera guère les coûts globaux, mais aura un effet sur la *répartition* de la protection sociale.

Tableau 5
TAUX DE PAUVRETÉ CHEZ LES PLUS DE 65 ANS (VERS 2000)

<5%	5-9%	10-14%	15-19%	>20%
Suède	Canada	Autriche		Irlande
Pays-Bas	Danemark	Belgique		Australie
	Finlande	Italie		États-Unis
	France	Norvège		
	Allemagne	Espagne		
	Luxembourg	Royaume-Uni		
	Suisse			

Source : Chiffres clés du LIS, Luxembourg Income Study, 2001. Pour le Danemark et la France, les données sont tirées de la vague d'enquêtes ECHP de 2001.

Il existe une corrélation (imparfaite) entre pauvreté des personnes âgées et poids du marché. Comme le montre le Tableau 5, les taux de pauvreté sont très élevés aux États-Unis et en Australie, et, en Europe, le Royaume-Uni et l'Irlande se trouvent en tête. Si la corrélation n'est pas parfaite, c'est pour deux raisons. Tout d'abord, l'impact des systèmes publics de retraite en matière de redistribution des revenus est très variable. Ainsi, en Italie, les régimes publics de retraite sont exceptionnellement généreux et il n'existe presque aucun plan privé, mais la pauvreté est très répandue chez les personnes âgées, parce que la retraite de base de ceux qui ne peuvent prétendre à des prestations suffisantes (le minimum vieillesse) est exceptionnellement faible. En second lieu, la prédominance de plans privés n'entraîne pas de fortes inégalités parmi les personnes âgées si, comme au Canada, au Danemark et aux Pays-Bas, une retraite publique de base minimise efficacement les risques de pauvreté.

Le choix d'une combinaison particulière entre public, privé et famille peut aussi entraîner des *effets secondaires*. Ainsi, si on en demande beaucoup à la famille, il en résultera une baisse de l'emploi féminin, donc une réduction des ressources fiscales. Et, si les femmes sont obligées d'arrêter de travailler, les effets indésirables s'exerceront non seulement sur leurs revenus individuels à l'échelle d'une vie, mais aussi sur les revenus des ménages, qui ont de plus en plus besoin de deux revenus pour échapper à la pauvreté. Dans la mesure où l'emploi des femmes conditionne à la fois la viabilité financière à long terme des systèmes sociaux et le bien-être du ménage, il serait donc totalement contre-productif de s'en remettre en permanence à la famille, même du seul point de vue de l'efficacité.

La justice intergénérationnelle

Nous devons définir un contrat intergénérationnel stable et équitable qui permette d'assurer le bien-être des personnes âgées sans épuiser les ressources dont les jeunes auront besoin, tout en nous prémunissant contre le risque d'effets secondaires indésirables. Par exemple, si on augmente le financement public des retraites par une augmentation des cotisations sociales, donc par une augmentation du coût du travail, les créations d'emploi risquent de diminuer. Trouver une formule qui permette de répartir de manière juste les coûts *additionnels* liés au vieillissement de la population, tel est le défi auquel nous sommes confrontés. Ces coûts – on l'a dit – seront vraisemblablement proches de 10 % du PIB au cours des décennies à venir. Deux questions importantes se posent : 1) comment répartir équitablement cette charge ? 2) si nous privilégions tel ou tel partage entre public et privé, quelles en seront les conséquences ?

Si nous faisons de l'équité une priorité, il est difficile de ne pas être séduit par la règle dite de Musgrave (règle des positions relatives fixes)[1]. Imaginons deux scénarios idéalisés. Selon le premier, on continue sans rien changer au système classique financé en répartition (où les actifs actuels cotisent pour payer les retraites actuelles), fondé sur des prestations de retraite définies à l'avance (par un taux de remplacement du salaire perçu pendant la vie active). Dans ce cas, l'ensemble des coûts additionnels dus au vieillissement retombera alors sur la population active, ce qui entraînera une hausse significative des cotisations sociales. Par exemple, dans ce scénario, les taux de cotisation allemands passeraient de 22 à 38 % du salaire. Imaginons maintenant un autre scénario : le taux de cotisation, fixé à son niveau actuel, n'augmenterait plus malgré le vieillissement de population. Faute de ressources supplémentaires, la charge additionnelle liée au vieillissement retomberait alors uniquement sur les retraités eux-mêmes, qui verraient leurs retraites baisser à proportion de l'augmentation de la charge entraînée par le vieillissement. Aucun de ces deux scénarios extrêmes ne garantirait l'équité, et tous deux s'accompagneraient d'effets secondaires très néfastes. En d'autres termes, aucun ne peut donner lieu à un contrat intergénérationnel viable et juste.

Considérons maintenant le problème d'un point de vue générationnel. Comment une famille composée de trois générations résoudrait-elle le dilemme du partage des risques ? Si les citoyens se satisfont du *statu quo* (les niveaux relatifs actuels de

1. R. Musgrave, *Public Finance in a Democratic Society. Volume II : Fiscal Doctrine, Growth and Institutions*, New York, New York University Press, 1986 ; J. Myles, « A new social contract for the elderly ? », p. 130-172, *in* G. Esping-Andersen, D. Gallie, A. Hemerijck, J. Myles, *Why We Need a New Welfare State*, Oxford, Oxford University Press, 2002.

consommation des générations leur conviennent), ils choisiront sans aucun doute un modèle de position relative fixe (PRF) du type de celui que défend Musgrave : cotisations et prestations y sont déterminées de manière à maintenir *constant* le rapport entre les revenus (par tête) de la population active (nets de cotisations) et les prestations (par tête) des retraités (nettes d'impôts)[1]. Une fois ce rapport fixé, le taux de prélèvement est périodiquement adapté aux modifications de la population et de la productivité. Ainsi, lorsque la population vieillit, le taux de prélèvement augmente, mais, de leur côté, les prestations diminuent : les deux parties sont donc « perdantes » dans les mêmes proportions (revenus et prestations nets augmentent plus lentement que si la population ne vieillissait pas). Pour le dire simplement, la règle de Musgrave aide à répartir équitablement la charge supplémentaire entre les générations : au départ, on établit un rapport proportionnel entre le revenu par tête des actifs et celui des retraités ; par la suite, toute dépense additionnelle sera proportionnellement répartie entre les deux.

Du point de vue d'un parcours de vie, et non plus d'une période donnée, la solution de Musgrave est encore plus convaincante. Étudions les conséquences de chacun des trois modèles sur l'*ensemble* du parcours de vie des générations qui naissent aujourd'hui et des générations futures : quel héritage livrerons-nous à nos enfants et à nos petits-enfants ?

Sous le régime actuel de prestations définies financées en répartition où les taux de remplacement restent fixes, les générations futures verront leur niveau de vie baisser au cours de l'enfance et de la vie active, mais bénéficieront l'âge venu d'une

1. Mais le principe de PRF ne serait pas conforme à une conception de la justice qui voudrait que chaque génération acquitte la même part de salaire pour obtenir le même niveau de prestations lors de la retraite. Par exemple, dans une « exploitation agricole familiale » où cohabitent trois générations, la *part* de la production nécessaire à la retraite des parents serait plus élevée si la génération active comprenait deux producteurs que si elle en comprenait quatre.

relative richesse. Si en revanche les taux de cotisation restent fixes – de nombreux pays adoptent aujourd'hui cette stratégie –, les générations futures connaîtront une enfance et une vie active prospère, mais une relative pénurie au cours de la vieillesse. Au contraire, la stratégie de Musgrave lisse efficacement les variations au cours de la vie et maintient le *statu quo* en matière de répartition du revenu à l'échelle d'une vie. Il s'agit en ce sens d'une stratégie « conservatrice », qui part du principe que, en moyenne, la répartition du revenu à l'échelle d'une vie qui vaut pour les générations actuelles doit être à peu près préservée pour les générations futures. Naturellement, il est possible que les générations futures ne soient pas d'accord avec nous et veuillent que le revenu soit réparti différemment au cours de la vie. Mais, si l'on parvient à se mettre d'accord sur un rapport de proportionnalité juste, le scénario financier futur restera stable et sera également perçu comme juste du point de vue intergénérationnel.

Ce constat a toutefois des limites. Tout d'abord, la règle de Musgrave, facile à appliquer à un régime de retraite essentiellement public, se heurte à des obstacles là où les plans privés prolifèrent. De fait, l'équité que l'on aura cherché à atteindre dans le public pourra très facilement être annulée par le jeu des pensions privées. En somme, cette stratégie suppose que les plans privés soient intégrés à un plan comptable général. Le traitement fiscal souvent très favorable dont bénéficient les plans privés de retraite justifie manifestement qu'ils prennent eux aussi leur part de responsabilité sociale.

Ensuite, le principe de Musgrave ne demeurera équitable que si le niveau des prix relatifs permet au panier des consommateurs, jeunes et vieux, de rester lui aussi stable. C'est ici que l'avenir des retraites et celui du système de santé se rejoignent. Si les services de santé et de soins sont sujets à une inflation des prix, le « contrat de retraite » entre les générations sera compromis. Dans ce cas, au nom de l'équité intergénérationnelle, on accordera sans doute aux personnes âgées une plus importante portion (par tête) du revenu national[1], d'autant plus que, nous le savons, les pensions de retraite diminuent avec l'âge. En d'autres termes, c'est au moment où les retraités ont le plus besoin de services de soins qu'ils ont le plus de mal à les payer.

Enfin, la règle de Musgrave, limitée à l'équité intergénérationnelle, fait l'impasse sur les problèmes bien plus importants d'inégalité *intra*générationnelle, qui, du point de vue de la répartition entre « gagnants » et « perdants », l'emportent sur les différences entre générations[2]. Or il est possible que les politiques favorables à l'équité intergénérationnelle exacerbent les inégalités intragénérationnelles. Examinons donc ce qu'il en est du report de l'âge de la retraite, d'une part, et du financement des retraites, de l'autre.

Travailler plus longtemps

Jusqu'à une date récente, la vie d'un individu de sexe masculin était en général tout entière dominée par le travail. Il y a quarante ans, on faisait des études pendant huit ans, on travaillait pendant quarante-cinq ans et on était à la retraite pour cinq ans ou, avec un peu de chance, pour dix. Au total, la période où l'on ne travaillait pas était plus de moitié moins longue que celle où l'on travaillait. Aujourd'hui, on fait des études plus longues, on vit plus longtemps et on prend sa retraite beaucoup plus tôt. En France, on passe désormais en moyenne onze ans à faire des études, et l'espérance de vie des hommes s'est allongée de huit ans. En conséquence, le nombre d'années de travail est tombé en

1. C'est Frank Vandenbroucke qui a, le premier, soulevé cette question (préface à G. Esping-Andersen *et al.* (dir.), *Why We Need a New Welfare State*, *op. cit.*, p. VIII-XXIV).

2. M. Wolfson, G. Rowe, X. Lin, S. Gribble, « Historical generational accounting with heterogeneous populations », p. 107-126, *in* M. Corak (dir.), *Government Finances and Generational Equity*, Ottawa, Statistique Canada, 1998.

dessous de quarante – soit autant que le nombre d'années où l'on ne travaille pas.

Aujourd'hui, de l'avis de presque tous, la politique de loin la plus efficace pour faire face au vieillissement consiste à repousser l'âge de la retraite. Compte tenu du report du début de la vie professionnelle et des progrès de la longévité, cette stratégie correspond parfaitement à la règle de Musgrave : elle semble bien assurer la justice intergénérationnelle. D'après l'OCDE[1], un report de dix mois est financièrement équivalent à une baisse de 10 % des dépenses de retraite. À en croire la commission sur la protection sociale récemment mise en place par l'État danois, une augmentation de l'âge de la retraite d'un mois par an au cours des trente années à venir (donc d'un peu moins de trois ans au total) préserverait la viabilité financière aux niveaux de protection sociale actuels. D'une manière générale, si la retraite à 65 ans redevenait la norme, les comptes des régimes de retraites se rapprocheraient sans doute de l'équilibre, y compris sur le long terme. Ainsi, selon les simulations de l'OCDE, reporter de cinq ans la retraite en France réduirait le ratio de dépendance des personnes âgées de 0,7 à 0,5 en un demi-siècle. Retarder la retraite constitue un instrument d'autant plus efficace qu'il joue sur les deux tableaux : diminuer la durée de la retraite tout en augmentant le nombre d'années de cotisation.

Mais il pourrait être source d'injustice intragénérationnelle. Ici, de nouveau, c'est l'inégalité sociale devant la mort qui est en jeu. En France, en moyenne, un cadre de sexe masculin vivra plus de cinq ans de plus qu'un travailleur manuel[2]. De

---

1. *A Caring World*, Paris, OCDE, 2001, p. 69.

2. Voir E. Cambois, J.M. Robine, M. Hayward, « Social inequalities in disability-free life expectancy in the French male population, 1980-1991 », *Demography*, 38, 2001, p. 513-524, tableau 3. Selon Wilkinson, en Grande-Bretagne, l'écart est encore plus prononcé (environ 7 ans et en aggravation) (R. Wilkinson, « Inequality and health », *in* A. Giddens, P. Diamond (dir.), *The New Egalitarianism*, Oxford, Polity Press, 2005.

même qu'une année supplémentaire de retraite représente un gain proportionnellement plus élevé pour quelqu'un dont l'espérance de vie est de sept ans que pour quelqu'un dont elle est de douze ans, de même, une année supplémentaire de travail représente une perte proportionnellement plus grande pour ceux dont l'espérance de vie est courte. Le problème de l'équité est d'autant plus complexe que santé, espérance de vie, invalidité et richesse sont étroitement corrélées. En outre, les récents progrès de la longévité ont profité aux plus riches de manière disproportionnée[1], renforçant ainsi cette corrélation. Si les « riches » deviennent les principaux consommateurs des coûteuses prestations futures – retraites, soins médicaux, prise en charge de la dépendance –, il faudra introduire une imposition progressive en fonction de l'espérance de vie[2].

Un financement équitable

Dans les systèmes de retraites financés en répartition, les retraites actuelles sont financées par des cotisations sociales prélevées sur les salaires, auxquelles échappent les revenus du capital et les revenus de transfert (dont les pensions de retraite)[3]. Ce prélèvement est à taux fixe, souvent soumis à un plafonnement (limite au-delà de laquelle on ne paye plus de cotisations), qui en

1. L. Hattersley, « Trends in life expectancy by social class – an update », *Health Statistics Quarterly*, 2, 1999, p. 16-24.

2. La probabilité de survie est nettement plus élevée chez les riches, comme les chances d'échapper à l'invalidité. A 60 ans, les chefs d'entreprise français ont devant eux une période sans invalidité plus longue de quatre ans que les travailleurs manuels. Et cet écart – cela vaut la peine d'être noté – ne fait que se creuser avec le temps (E. Cambois, J.M. Robine, M. Hayward, « Social inequalities in disability-free life expectancy in the French male population, 1980-1991 », art. cité, tableau 5).

3. Pour les besoins de la discussion, j'adopte l'hypothèse classique selon laquelle les cotisations sociales, même si elles sont à la charge de l'employeur, s'ajoutent aux coûts du travail qui pèsent finalement sur les salariés, typiquement par une baisse du salaire net.

fait un prélèvement régressif. En général, il n'y a ni exemption ni réduction en fonction de la taille de la famille. Concrètement, vouloir financer les coûts additionnels du vieillissement par une augmentation des cotisations sociales pose un très sérieux problème d'équité au sein de la population d'âge actif. En effet, du fait du taux unique de prélèvement (quels que soient le revenu et le nombre d'enfants), et du fait du plafonnement, la répartition des coûts additionnels ne reflète absolument pas la capacité à payer.

Tel est donc le formidable défi auquel nous sommes confrontés : définir des règles de répartition qui permettent également une équité intragénérationnelle équivalente parmi les retraités et au sein de la population active. Si le coût de l'âge augmente de manière disproportionnée chez les personnes à faible revenu, une règle de proportions fixes à la manière de Musgrave sera injuste. Si, en outre, les riches consomment davantage de pensions de retraite, de services médicaux ou d'aide à la personne, un contrat purement *inter*générationnel sera lui aussi injuste.

Afin de répartir équitablement la charge, il faudrait manifestement réformer en profondeur les barèmes d'imposition et de cotisation, non seulement pour introduire plus de progressivité dans les prélèvements obligatoires destinés aux personnes âgées, mais aussi pour rendre moins régressives les subventions fiscales auxquelles donnent droit les plans privés de retraite.

À plus long terme, la charge financière de demain et ses conséquences en termes de redistribution dépendront beaucoup du type de vie que mèneront les générations futures. Une réforme des systèmes de retraite entreprise aujourd'hui n'aura sans doute aucun effet sur les personnes âgées d'aujourd'hui ou même sur celles de demain. Ce seront nos enfants et nos petits-enfants qu'elle affectera le plus. D'ici un demi-siècle, ceux qui sont aujourd'hui des enfants approcheront de l'âge de la retraite. Voici donc le vrai défi : faire des prévisions réalistes sur la manière dont ces nouvelles générations s'en sortiront au cours des cinquante années à venir. Fort heureusement, nous pouvons nous appuyer sur plus solide que les prédictions des voyantes et des boules de cristal.

La réforme des retraites, pour nos enfants : au-delà du contrat générationnel

Une retraite sûre dépend largement de la réussite de la vie professionnelle, elle-même fortement corrélée à la qualité de l'enfance et de la jeunesse. Ainsi, les perspectives de retraite qui s'offriront à nos enfants et à nos petits-enfants dans quarante ou cinquante ans, comme leur capacité à financer nos propres besoins de pensions et de soins, dépendent du type de vie qu'ils mèneront. Bref, assurer les retraites de 2040 ou 2050 dépend plus de la qualité, de la quantité et de la *répartition* du stock d'actifs productifs – physiques, humains et environnementaux – dont hériteront nos enfants, que d'une réforme, quelle qu'elle soit, qui modifierait aujourd'hui l'organisation et le financement de nos systèmes de retraite.

Intéressons-nous donc aux perspectives offertes aux générations qui devraient prendre leur retraite en 2040. Il s'agit des trentenaires de 2005, suffisamment avancés en âge pour que l'on distingue des autres ceux qui, parmi eux, seront en position de prétendre à une retraite sûre. L'État-providence que nous connaissons aujourd'hui a été bâti en réaction à un type de risques et de besoins récurrents à l'époque de nos parents, de nos grands-parents et de ceux qui sont parvenus à l'âge mûr au cours des décennies d'après-guerre. C'est un type de risque très différent qu'affrontent les jeunes actifs d'aujourd'hui, et nous devons en tenir compte dans nos projections pour les retraites vers le milieu du XXIe siècle.

Nouveau parcours de vie, nouvelles inégalités

Dans un rapport publié par la Société des nations en 1944 et portant sur les besoins de main-d'œuvre après-guerre, un groupe de démographes de Princeton s'inquiétait des conséquences du vieillissement de la population sur l'économie, partant du principe que, dans les « sociétés industrielles », c'est à l'âge de trente-cinq ans que l'on est le plus productif[1]. De leur point de vue, pour réussir, les économies industrielles avaient besoin de beaucoup d'hommes jeunes en bonne forme physique. Et le fait que l'âge de départ du domicile parental, du mariage et du premier enfant – autant de marqueurs de l'indépendance économique – n'ait cessé de baisser au cours des soixante premières années du XXe siècle semble bien montrer que les économies industrialisées accordaient une grande valeur économique aux jeunes actifs[2]. Les générations actuelles de retraités ont atteint relativement tôt la maturité sociale et économique.

Tout cela a changé, et les conséquences en termes de carrière et de vie familiale dont les jeunes d'aujourd'hui feront l'expérience d'ici leur retraite sont spectaculaires. De fait, la manière dont les quarante dernières années ont révolutionné les parcours de vie des jeunes adultes fait tout autant partie du phénomène de « vieillissement de la population » que l'avènement tant annoncé du papy-boom. La prise d'indépendance retardée, les études plus longues, les unions plus tardives entraînent une baisse du niveau des naissances.

---

1. F. Notestein, *The Future Population of Europe and the Soviet Union. Population Projections, 1940-1970*, Genève, Société des nations, 1944.

2. R. Beaujot, « Delayed Life Transitions : Trends and Implications », Ottawa, The Vanier Institute of the Family, 2004, p. 1-46 ; M. Corijn, E. Kijzing (dir.), *Transition to Adulthood in Europe*, Dordrecht, Kluwer, 2001.

Comme tout grand changement, celui-ci profite aux uns et pénalise les autres. Quand on commence à travailler plus tard, on passe moins d'années sur le marché du travail, on a donc moins d'occasions d'épargner ou de cotiser pour gagner des droits en début de parcours. C'est pourquoi les générations futures auront peut-être besoin de prendre leur retraite plus tard. Mais les plus qualifiés ont toujours commencé à travailler tard ; la décision de prendre sa retraite dépend donc manifestement d'autres facteurs.

Tout d'abord, si les individus travaillent au total moins d'heures et moins d'années, ce n'est pas le cas des familles, puisque les femmes travaillent nettement plus qu'avant. Or l'augmentation du nombre d'heures et d'années travaillées par les familles contribue au financement de retraites plus longues[1]. Autrement dit, les couples stables qui perçoivent deux revenus auront de bonnes chances d'avoir droit à une retraite sûre lorsqu'ils atteindront 65 ans, alors que les ménages à un seul salaire et le nombre croissant de divorcés et de personnes qui ne se sont jamais mariées seront beaucoup plus exposés au risque de pauvreté lorsqu'ils deviendront vieux.

L'augmentation de l'homogamie maritale peut encore creuser les écarts. En effet, les hommes et les femmes qualifiés ont tendance à se marier les uns avec les autres et à fonder des familles à hauts revenus, peu exposées au chômage, alors que les couples moins qualifiés touchent des salaires plus bas et sont beaucoup plus susceptibles de connaître des périodes de chômage. En outre, les femmes peu qualifiées ont bien moins de chances de travailler. Du coup, les différences de revenu familial entre le haut et le bas de l'échelle ne font que s'aggraver.

1. G. Burtless, J. Quinn, « Retirement trends and policies to encourage work among older Americans », p. 375-416, *in* Peter Budetti, Richard Burkhauser, Janice Gregory and H. Allan Hunt (dir.), *Ensuring Health and Income Security for an Aging Workforce*, Kalamazoo, MI, Upjohn Institute, 2001.

Ainsi, aux États-Unis, selon de récentes estimations, les revenus des retraités du premier quintile (soit les 20 % les plus riches) étaient, en 2000, huit fois plus élevés que ceux du dernier quintile, et le chiffre passera à dix lorsque les baby-boomers prendront leur retraite – du seul fait de l'aggravation de l'inégalité de revenu. Chez les retraités américains d'aujourd'hui, le revenu de ceux qui ne sont pas allés au-delà du lycée représente 68 % du revenu moyen des personnes de leur âge, mais ce chiffre ne sera plus que de 53 % lorsque les baby-boomers prendront leur retraite[1].

On peut donc être à peu près sûr que les couples aujourd'hui stables qui détiennent un diplôme universitaire et touchent deux revenus auront droit à une retraite relativement généreuse en 2040, *quoi qu'il advienne* des systèmes de retraite de chaque pays. Et les couples très qualifiés sans enfant seront les mieux placés de tous. Sombre destin, en revanche, que celui des couples peu qualifiés. Certes, ils peuvent travailler plus longtemps, mais ils sont fortement menacés par le chômage et les bas salaires – ce qui compromettra leurs ressources à la retraite.

Ce scénario entraîne deux paradoxes. Tout d'abord, pour maximiser les gains économiques, il faut que les actifs les plus productifs travaillent plus longtemps ; or ce sont justement eux qui seront les mieux placés pour prendre leur retraite tôt. Les hauts revenus accumulent une épargne retraite importante, ce qui les rend quasiment immunes envers les politiques de report de la retraite.

Ensuite – on l'a dit –, ce sont les retraites des plus qualifiés qui coûteront le plus cher, tout simplement parce que leur espérance de vie est beaucoup plus élevée. Ainsi, ils consommeront une part plus importante du budget que le pays consacre

1. B. Butrica, H. Iams, K. Smith, « It's all relative : understanding the retirement prospects of the baby-boomers », Center for Retirement Research at Boston College, Working Paper 2003-21, Boston, 2003.

aux retraites et occasionneront des dépenses de santé et de services de soins plus importantes étant donné la dépendance croissante caractéristique du grand âge. Et ceux qui auront le plus besoin d'aides et de soins seront ceux qui n'ont pas eu d'enfant.

Dans la mesure où l'assurance-vieillesse, par nature et par définition, transfère du revenu de ceux qui vivront moins longtemps vers ceux qui vivront plus longtemps, ces deux aspects posent d'importants problèmes de justice distributive *intra*générationnelle.

Plus nous vivrons dans des économies de la connaissance et plus les citoyens peu qualifiés ou dont les compétences cognitives sont insuffisantes risqueront d'être condamnés aux bas salaires et à la précarité de l'emploi. Les difficultés professionnelles seront, l'âge venu, davantage source de pauvreté pour les actifs des prochaines décennies que pour les retraités d'aujourd'hui. Comme le montraient les analyses de la deuxième leçon, il suffit de se pencher sur les chiffres d'abandon précoce de l'école chez les jeunes d'aujourd'hui pour avoir une idée à peu près fiable du nombre de personnes qui feront partie de cette population à haut risque au cours des décennies à venir. Aux États-Unis, un jeune sur cinq risque fortement d'être pauvre lorsqu'il sera vieux, dans cinquante ans.

Les changements démographiques alimentent encore davantage les inégalités futures. L'héritage des enfants dépend bien sûr de la richesse des parents, mais aussi de la taille de la fratrie qui devra se le partager. Une fécondité basse implique donc que chaque enfant recevra davantage, mais aussi, puisque la fécondité est inversement corrélée au niveau de qualification et de revenu, que les inégalités liées à l'héritage social risquent de se creuser fortement. Puisque les parents aisés ont moins d'enfants, ils peuvent investir bien plus dans chacun au moment de l'enfance et de la jeunesse, et, plus tard, laisser à chacun un héritage incomparablement plus élevé.

La réforme des retraites commence par les bébés

Pour garantir les retraites du milieu de ce siècle, la qualité, la quantité et la répartition de nos actifs productifs sont aussi déterminants qu'une réforme de nos systèmes de retraite qui serait entreprise aujourd'hui. La hausse de la productivité contribuera à financer les coûts additionnels dus au vieillissement de population, mais ne résoudra pas les problèmes de redistribution qu'ils entraînent. Or chacun sait que les économies à forte productivité ne sont pas nécessairement les plus équitables en termes de répartition.

Nous avons donc de bonnes raisons de penser que c'est paradoxalement par les bébés que commence une bonne politique en matière de retraites. En effet, la manière dont la protection sociale sera répartie entre les retraités de demain dépendra surtout du degré d'égalité des chances entre les enfants d'aujourd'hui. Si les politiques se préoccupent sérieusement de garantir l'équité aux retraités de demain, la première étape est évidemment d'assurer aujourd'hui plus d'équité aux enfants en matière de stimulation cognitive et de niveau scolaire.

L'héritage que nous léguerons à la prochaine génération comprend aussi les acquis sociaux de notre système, notamment ceux qui permettent aux jeunes de s'occuper des vieux. La structure familiale traditionnelle – les parents s'occupent des enfants quand ceux-ci sont trop jeunes pour travailler, les enfants apportent leur soutien aux parents quand ceux-ci sont vieux et fragiles – est une caractéristique importante de l'espèce humaine et repose sans doute sur des fondements biologiques solides. Le fait que les Danois s'occupent de leurs parents âgés dépendants avec une fréquence peu commune, alors même que l'État-providence leur fournit *de facto* une prise en charge totale, en fournit une preuve assez difficile à réfuter. L'histoire contemporaine confirme que l'apparition des retraites publiques obligatoires a autant compté pour les jeunes que pour les vieux parce qu'elle a permis de partager les risques liés à la longévité, non seulement la sienne propre mais aussi celle des parents, et l'obligation de les soutenir financièrement jusqu'à un âge fort avancé. Pour une espèce animée par la « piété filiale », la protection sociale des personnes âgées signifie aussi une protection pour les jeunes. Certes, l'augmentation du coût des retraites peut conduire nos enfants à se plaindre du niveau élevé des prélèvements. Mais il est peu probable qu'ils soient plus satisfaits si nous devions dépendre directement de leur soutien jusqu'à l'âge de 95 ans. De même qu'elle nous oblige à leur laisser un environnement durable, la justice intergénérationnelle nous oblige à leur laisser un système au moins aussi bon que celui qui s'est occupé de nos parents âgés.

Si tel est le critère, comment donc assurer un environnement institutionnel « au moins aussi bon » ? En ce qui concerne la réforme des retraites, la plupart des experts s'accordent sur un ensemble de fondamentaux. Tout d'abord, la viabilité du système exige de repousser l'âge de départ à la retraite. La plupart seraient sans doute partisans d'un retour de l'âge de la retraite à 65 ans. Les arguments sont nombreux : on commence à travailler plus tard, l'état de santé des actifs proches de la retraite s'améliore à chaque génération, l'écart de qualification entre actifs jeunes et vieux, jusqu'alors considérable, ne cesse de se combler. Pour le dire autrement, il y a de quoi se réjouir de part et d'autre : les actifs sont moins souvent forcés de prendre leur retraite pour raisons de santé, et les employeurs seront moins impatients de se séparer de leur personnel vieillissant.

Mais il faut adapter nos institutions à ce report de l'âge de la retraite. Dans bien des pays, les actifs sont poussés implicitement à prendre leur retraite tôt. En outre, il faut réformer les systèmes de négociation salariale fondés sur l'augmentation à l'ancienneté, afin d'éviter que les actifs âgés ne soient licenciés parce qu'ils deviennent trop chers. La France fournit un exemple extrême : un actif de 60 ans, du seul fait de son ancienneté, y gagne 40 % de plus qu'un actif de 35 ans. Le fait que les droits à la retraite prennent de plus en plus pour référence l'ensemble de la carrière plutôt que les seules dernières années devrait considérablement alléger la pression qu'exercent les salaires à l'ancienneté.

Si le report de l'âge de la retraite entre logiquement dans la composition du modèle d'équité intergénérationnelle de Musgrave, il risque de menacer l'équité dans la mesure où l'espérance de vie est positivement corrélée à la condition sociale. Pour parvenir à l'équité, il faudrait donc faire dépendre l'âge de départ en retraite du revenu que chacun a perçu au cours de sa vie, ce qui procurerait un double avantage à la société, puisque les hauts revenus correspondent aux retraites les plus chères mais aussi aux actifs les plus productifs. Ainsi, on économiserait bien des dépenses de retraite tout en augmentant les recettes fiscales. Mais cela pose un dilemme : les hauts revenus disposent souvent d'une importante épargne retraite privée qui les rend relativement insensibles aux incitations des plans publics. Il faut donc manifestement harmoniser les plans de retraite publics et privés.

Comme le montre Guillemard de manière très convaincante[1], le « modèle unique » de retraite qui avait cours après guerre n'est plus adapté. La conception de l'« universalité » qui y présidait résultait de parcours de vie très *standardisés*, caractéristiques de l'uniformité des vies professionnelles à une époque d'industrialisation poussée. Les parcours beaucoup plus divers propres aux économies post-industrielles, en particulier dès lors que l'emploi des femmes devient la norme, appellent une autre conception de l'universalité, qui permette des modalités différenciées et plus flexibles de départ en retraite, notamment grâce à des politiques d'activation des seniors et des mécanismes de départ en retraite partielle.

---

1. A.-M. Guillemard, *L'Âge de l'emploi. Les sociétés à l'épreuve du vieillissement*, Paris, Armand Colin, 2003.

La maximisation de l'emploi futur est essentielle pour assurer les futures retraites. Une fois encore, il s'agit d'un ingrédient fondamental dans la composition d'un « modèle de Musgrave » viable, car la charge supplémentaire par tête qui retombera sur les « jeunes » diminuera en proportion du nombre d'actifs. Or c'est principalement grâce au travail féminin que l'on pourra atteindre le plein-emploi ; il s'agit donc peut-être du dernier élément à intégrer dans nos scénarios futurs, ne serait-ce que parce que la quantité de travail fournie par les femmes est partout en augmentation rapide. Les systèmes de retraite italien et espagnol seraient ainsi plus durables qu'on ne le pense, du seul fait de la quasi-universalisation de l'emploi féminin chez les jeunes générations[1].

Mais l'emploi féminin peut être source de nouveaux dilemmes d'équité. S'il permet de réduire l'écart entre hommes et femmes en termes d'accumulation de droits à la retraite, la sélection maritale creuse quant à elle l'écart entre les couples à hauts revenus et à bas revenus, ce qui rejaillira non seulement sur le niveau des pensions cumulées, mais aussi sur l'âge de la retraite.

Dans la mesure où la nouvelle économie risque de créer beaucoup plus d'hétérogénéité et d'inégalité des chances, les futurs retraités seront aussi plus inégaux devant l'accumulation de droits et d'épargne. Cela donne raison à ceux pour qui tout régime de retraite devrait garantir une retraite de base, financée par les recettes publiques, à tous les citoyens. Avec l'augmentation du nombre de plans de retraite privés, le degré d'insécurité lié aux prestations de retraite futures ne fera que croître. Cela fournit un second argument en faveur d'une retraite de base garantie à tous. Ce revenu, s'il était fixé juste au-dessus du seuil

1. C. Pissaridis, P. Garibaldi, C. Olivetti, B. Petrongolo et E. Wasmer, *Women in the Labour Force. How Well is Europe Doing ?*, Actes du cinquième colloque de la Fondazione Debenedetti (Alghero, juin 2003).

de pauvreté, serait étonnamment peu coûteux financièrement : Myles montre que, s'il entrait en vigueur aujourd'hui en France, le coût supplémentaire pour les finances publiques ne représenterait que 0,07 % du PIB [1].

Un minimum retraite garanti à tous financé par l'impôt aurait en outre l'avantage de diversifier la base financière des dépenses de retraite. Le financement par les cotisations sociales repose sur une assiette fiscale relativement étroite (et potentiellement régressive) et, indirectement, sur un système de partage des risques également limité. De plus, les besoins en dépenses étant voués à augmenter beaucoup au cours des décennies à venir, il en ira de même des cotisations et des coûts fixes du travail.

On sait qu'un système qui s'en remettrait trop aux cotisations sociales aurait des effets secondaires indésirables sur la répartition, l'équité et l'emploi. En encourageant le développement des plans de retraite privés, on diversifiera assurément la base financière, mais on aura du mal à satisfaire les exigences d'efficacité et d'équité et on risquera en outre de générer plus d'insécurité. Si l'allongement de la durée de la vie ne profite qu'aux privilégiés et si, de plus, la tendance actuelle à une aggravation des inégalités de revenu doit se préciser à l'avenir, il semble plus légitime que jamais d'introduire plus de progressivité dans le financement (et l'imposition) des prestations. Et, si nous faisons de l'équité et de la sécurité des personnes âgées nos principales priorités, il serait logique de proposer que l'expansion des programmes à financement public, et en particulier celle de la retraite de base garantie, soit directement proportionnelle au développement des plans privés.

Il s'agit là de principes généraux sur les moyens de parvenir à un partage équitable et viable des charges qui pèsent sur nos sociétés, de plus en plus âgées. Mais ne l'oublions jamais : le

1. J. Myles, « A new social contract for the elderly ? », p. 130-172, *in* G. Esping-Andersen *et al.* (dir.), *Why We Need a New Welfare State*, *op. cit.*

bien-être des personnes âgées est – et sera toujours – d'abord le résultat de leur parcours de vie. Or les parcours de vie des individus ont subi des changements spectaculaires, pour le meilleur et pour le pire, et sont notamment beaucoup plus hétérogènes qu'auparavant. Les exigences qui définissent une vie professionnelle réussie augmentent, notamment en termes de qualification, de compétences et de capacités. Et, dans la mesure où ces dernières sont insufflées très tôt aux enfants, il n'y a rien de frivole à affirmer qu'une bonne politique des retraites commence par les bébés.

Table des matières

Deuxième leçon

Troisième leçon

La République des Idées

La République des Idées qui co-édite avec les éditions du Seuil cette collection d'essais, est un atelier intellectuel international. Sa vocation est de produire des analyses et des idées originales sur les grands enjeux de notre temps : mutations de la démocratie, transformations du capitalisme et des inégalités, évolutions des relations internationales...

www.repid.com
idees@repid.com

Le Seuil s'engage pour la protection de l'environnement

Ce livre a été imprimé chez un imprimeur labellisé Imprim'Vert, marque créée en partenariat avec l'Agence de l'Eau, l'ADEME (Agence de l'Environnement et de la Maîtrise de l'Énergie) et l'UNIC (Union Nationale de l'Imprimerie et de la Communication).
La marque Imprim'Vert apporte trois garanties essentielles :

- la suppression totale de l'utilisation de produits toxiques ;
- la sécurisation des stockages de produits et de déchets dangereux ;
- la collecte et le traitement des produits dangereux.

RÉALISATION : PAO ÉDITIONS DU SEUIL
IMPRESSION : CORLET IMPRIMEUR S.A. CONDÉ-SUR-NOIREAU
DÉPOT LÉGAL : FÉVRIER 2008. N° 97098-6 (145278)
IMPRIMÉ EN FRANCE